A INEVITABILIDADE
DO DIÁLOGO SOCIAL

H. NASCIMENTO RODRIGUES

A INEVITABILIDADE
DO DIÁLOGO SOCIAL

ALMEDINA

TÍTULO:	A INEVITABILIDADE DO DIÁLOGO SOCIAL
AUTOR:	H. NASCIMENTO RODRIGUES
EDITOR:	LIVRARIA ALMEDINA – COIMBRA www.almedina.net
LIVRARIAS:	LIVRARIA ALMEDINA ARCO DE ALMEDINA, 15 TELEF. 239851900 FAX 239851901 3004-509 COIMBRA – PORTUGAL livraria@almedina.net
	LIVRARIA ALMEDINA ARRÁBIDA SHOPPING, LOJA 158 PRACETA HENRIQUE MOREIRA AFURADA 4400-475 V. N. GAIA – PORTUGAL arrabida@almedina.net
	LIVRARIA ALMEDINA – PORTO R. DE CEUTA, 79 TELEF. 222059773 FAX 222039497 4050-191 PORTO – PORTUGAL porto@almedina.net
	EDIÇÕES GLOBO, LDA. R. S. FILIPE NERY, 37-A (AO RATO) TELEF. 213857619 FAX 213844661 1250-225 LISBOA – PORTUGAL globo@almedina.net
	LIVRARIA ALMEDINA ATRIUM SALDANHA LOJAS 71 A 74 PRAÇA DUQUE DE SALDANHA, 1 TELEF. 213712690 atrium@almedina.net
	LIVRARIA ALMEDINA – BRAGA CAMPUS DE GUALTAR UNIVERSIDADE DO MINHO 4700-320 BRAGA TELEF. 253678822 braga@almedina.net
EXECUÇÃO GRÁFICA:	G.C. – GRÁFICA DE COIMBRA, LDA. PALHEIRA – ASSAFARGE 3001-453 COIMBRA E-mail: producao@graficadecoimbra.pt
	JANEIRO, 2003
DEPÓSITO LEGAL:	189291/02
	Toda a reprodução desta obra, por fotocópia ou outro qualquer processo, sem prévia autorização escrita do Editor, é ilícita e passível de procedimento judicial contra o infractor.

A INEVITABILIDADE DO DIÁLOGO SOCIAL*

O tema convida-me ao confronto com duas interrogações: o que é o diálogo social? É ele inevitável?

A resposta a esta última questão dispensa percursos exploratórios. Já Baptista Machado, no seu ensino magistral, nos explicara as razões da passagem do Estado-Soberano clássico ao Estado-Parceiro actual. Não é de hoje, portanto, a verificação da existência de uma governação concertada ou dialogada. A parceria nos domínios sócio-económicos, tecnológicos, ambientais e culturais traduz o direito das forças sociais organizadas a uma participação na estruturação social e a uma intermediação entre Estado e Sociedade.

Nesta participação, de dimensões simultaneamente colectiva e individual, está ínsito um diálogo. Mais do que perguntar se ele é inevitável, há que dizer que é expressão de uma democracia alargada ao exercício da integralidade dos direitos do homem e das estruturas livres em que se agrega e faz representar. É neste contexto que presumo ser-me lícita a dispensa, por inutilidade prática, de averiguar se é, de facto, inevitável o diálogo social, consciente, embora,

---

* Texto da Conferência proferida no III Congresso Nacional de Direito do Trabalho, Lisboa, Fevereiro de 2000.

de que, assim, ultrapasso com ligeireza questões que hão-de voltar, ao pretender dar resposta ao eixo de fundo desta abordagem: mas, afinal, o que é o diálogo social?

Poucas expressões como esta estarão tão hiperinflacionadas na linguagem corrente, porventura porque o seu uso indiscriminado é mediático, ou seja, tem ressonância garantida e compromete pouco. O juslaboralista deve opor--se a esta incaracterização do conceito e esforçar-se por introduzir alguns parâmetros de dilucidação no caos verbalístico instalado. Deve fazê-lo por imperativo de deontologia e também porque importa assentar com nitidez em que medida o diálogo social interessa ao Direito do Trabalho e ao mundo das relações laborais. Procuremos, pois, esse esclarecimento prévio.

O termo diálogo social não constitui propriamente uma novidade. No fundo, ele emana da Organização Internacional do Trabalho e dos valores do tripartismo em que assentou a sua criação. Recordaria apenas, a este propósito, que a Declaração de Filadélfia, parte integrante da própria Constituição da OIT, cometeu a esta a obrigação de "apoiar a execução de programas adequados a promover a colaboração entre trabalhadores e empregadores na elaboração e aplicação da política económica e social". A cooperação tripartida, a nível nacional, foi, por seu turno, especialmente visada na Recomendação n.º 113 e na Convenção n.º 144, bem como na correspondente Recomendação n.º 152. Mas nunca se confundiu isto com a contratação colectiva de trabalho nem com formas de participação na empresa. Por isso é que é importante dilucidar conceitos e clarificar zonas distintas de actuação.

Deve reconhecer-se, porém, ter sido a agenda política da construção europeia que colocou, a partir dos anos oitenta, a expressão "diálogo social" nos carris da actualidade. Isso deveu-se, antes do mais, à prática política da Comissão, então presidida por Jacques Delors, e ao célebre diálogo de Val Duchesse, ou seja, à experiência de contactos regulares que se foi instaurando entre os parceiros sociais europeus e ao conjunto de "produtos" emergentes desses contactos – refiro-me a declarações conjuntas, pareceres comuns e a outros compromissos bilaterais alcançados. O afinamento desta experiência veio a desembocar na constitucionalização do diálogo social europeu, como se sabe.

De facto, o Tratado comete à Comissão a incumbência de fomentar a **consulta** dos parceiros sociais e de adoptar todas as disposições necessárias a facilitar o respectivo **diálogo** (artigo 138.º). Logo a seguir, preceitua que o diálogo entre os parceiros sociais, a nível comunitário, poderá, se estes o desejarem, conduzir ao estabelecimento de relações convencionais, incluindo acordos (artigo 139.º).

É evidente que estamos perante disposições de contornos muito flexíveis. Por um lado, parece clara a distinção entre a consulta e o diálogo social. Por outro, porém, é manifesto que o processo de consulta aos parceiros sociais europeus pode evoluir para conversações entre estes e que tal diálogo pode dar lugar a acordos. Estes acordos, por sua vez, são susceptíveis de ser acolhidos em Directivas, com toda a força jurídica própria destes instrumentos de direito comunitário, desde que isso seja solicitado pelos próprios parceiros sociais; ou podem ser aplicados nos Estados-

-membros pela via da negociação entre parceiros sociais nacionais, de acordo com os procedimentos dos Estados--membros.

Do texto comunitário pode retirar-se então o seguinte, para efeitos de uma caracterização genérica do diálogo social:

– Em primeiro lugar, que há uma diferença entre este e as relações convencionais e que estas podem conduzir à celebração de acordos. A partir de certa linha divisória, definida pelo propósito comum de negociar e alcançar, eventualmente, um acordo, o diálogo transmuda-se em verdadeira negociação entre os parceiros sociais.

– Em segundo lugar, que o processo de consulta se diferencia também do diálogo social e da negociação, sendo certo que pode converter-se, se preenchidos os requisitos do artigo 138.º , n.º 4, num relacionamento convencional e desembocar também num eventual acordo entre os parceiros sociais europeus.

Partindo deste enquadramento, e também à luz de diversas experiências nacionais, proporia o entendimento de que a expressão "diálogo social" pode ser utilizada num sentido muito amplo, que cobriria toda a espécie de procedimentos ou actividades de intercâmbio de informações, de opiniões e propostas, quer entre as organizações de trabalhadores e de empregadores, quer entre estas e os poderes públicos. Neste sentido muito lato, o diálogo social cobriria um vasto leque de práticas (formais e informais), através das quais os seus intervenientes procurariam prestar informação recíproca, esclarecer posturas, interiorizar pontos de vista das outras partes, inclusive influenciá-los, **mas não, necessariamente, abrir um processo de sentido negocial, sustentá-lo dentro desse objectivo e procurar, portanto, firmar um acordo.**

Este entendimento envolve a necessidade de não se confundir o diálogo social com a contratação colectiva de trabalho, por um lado. Por outro lado, a necessidade de também não o confundir com a concertação social tripartida. Uma e outra pressupõem o diálogo, mas têm balisamento institucional diferenciado, sujeitos diferentes e objectivos distintos, ainda que complementáveis.

Sublinharia também que há procedimentos de diálogo social e de conversações ao nível da empresa, alguns deles a coberto de tratamento legislativo específico: recordo a nossa regulamentação do processo de despedimento colectivo, que exige uma "fase de informações e **negociações** entre a entidade empregadora e a estrutura representativa dos trabalhadores com vista à obtenção de um acordo..."[1]; recordo, ainda, o direito das comissões de trabalhadores a reunir periodicamente com os órgãos de gestão para **discussão** e **análise** de assuntos relacionados com o desempenho das suas atribuições[2]. No primeiro exemplo, estamos perante um processo nítido de negociação, diria que de contratação colectiva atípica; no segundo, estamos mais na área do diálogo social do que na esfera negocial sem, repito-o,

---

[1] Artigo 18.º do Decreto-Lei n.º 64-A/89, de 27 de Fevereiro.
[2] Artigo 19.º do Decreto-Lei n.º 46/79, de 12 de Setembro.

querer significar com isto que as fronteiras conceptuais não se vejam, na prática e pela dinâmica própria das relações profissionais, diluir-se e transformar-se em zonas abertas e comunicantes.

A utilização polivalente da expressão "diálogo social" não comportará perniciosidade de maior se soubermos, pois, precisar dentro da multiplicidade de sentidos e da variedade de fórmulas que pode abranger, quando acolhida extensivamente, a que espécie, em concreto, de procedimento nos estamos a referir.

Observaria, fechando este intróito, que, no fundo, o direito de participação envolve a existência, institucionalizada ou não, de órgãos e/ou de procedimentos cujas funções e finalidades se situam desde a informação e a consulta, ao diálogo e à concertação. E tudo isto, naturalmente, tem reflexos no Direito do Trabalho e nas relações laborais.

Não vou tratar aqui senão daquela forma muito particular de diálogo que implica um relacionamento entre o Governo e as confederações sindicais e de empregadores, com vista á adopção e execução de decisões no domínio das políticas económicas e sociais. Excluo, pois, intencionalmente, a chamada concertação bilateral, porque entendo não se tratar, rigorosamente, de concertação social. Ela é reconduzível ou a uma contratação colectiva típica, embora de nível confederal, ou a manifestações de puro diálogo paritário, sem o alcance de compromissos de carácter vinculativo para as empresas e os trabalhadores filiados nas associações inseridas na esfera de representação das organizações de cúpula. Advirto, porém, que ao proceder a tal exclusão não estou a minimizar o papel do diálogo social bilateral, ou da contratação colectiva confederal. Muito pelo contrário. Acontece apenas que, no nosso País, são muito raros os exemplos destas modalidades de relacionamento entre as cúpulas confederais dos parceiros sociais. Que me recorde, apenas a União Geral de Trabalhadores e a Confederação do Comércio e Serviços de Portugal celebraram um "acordo social bipartido", em Janeiro de 95, que considero como extremamente inovatório na *praxis* do diálogo social. Tratou-se, porém, de uma experiência isolada, ou, pelo menos, não generalizada.

Do mesmo modo, colocaria à margem da minha análise aquelas formas bilaterais de concertação que envolvem, exclusivamente, o Governo e uma só das partes sociais, seja a parte sindical, seja a patronal. Há exemplos desse tipo de acordos em Espanha, onde foram assinados alguns entre o Governo e as confederações sindicais , mas só impropriamente podem ser incluídos no conceito de concertação social. Esta postula, necessariamente, a interconexão da esfera da vontade governamental com a esfera da autonomia colectiva e, consequentemente, o envolvimento do Governo e das duas partes sociais, ainda que, como entre nós frequentemente tem sucedido, nem sempre o de todos os componentes de uma das partes sociais.

Também não vou debruçar-me, pelas mesmas razões, sobre a chamada meso-concertação ou concertação social sectorial. O exemplo porventura mais saliente que conheço, no nosso país, é o do "Pacto de Concertação Social para o Sector Portuário", assinado em 1993. Ele corporizou um autêntico acordo tripartido, tendo em vista a restruturação do emprego nesse sector, a alteração da regulamentação laboral correspondente e a adopção de medidas sociais de reabsorção dos efeitos do ajustamento estrutural convencionado. Parece claro que os processos de restruturação sectorial são inevitáveis no contexto da integração europeia e da internacionalização da nossa economia; eles seriam, pois, nomeadamente nas actividades tradicionais de mão--de-obra intensiva, um terreno muito bem ajustado à concertação sectorial tripartida.

Coloco à margem da minha intervenção, por fim, a chamada "micro-concertação social". Por duas razões principais: ou se trata de processos de diálogo ou de negociação colectiva na empresa, ainda que atípica e, então, estamos à margem do conceito de concertação social tripartida; ou se tratará de verdadeiros processos tripartidos, em que os poderes públicos intervêm, em conjunto com as estruturas representativas dos trabalhadores e os órgãos de gestão das empresas, para potenciar apoio financeiro ou técnico, favorecente, aí também, de medidas de restruturação ou reajustamento empresarial e de sustentação e reocupação da mão-de-obra pela via da sua requalificação profissional.

Do que tratarei, portanto, é da concertação social tripartida, no sentido estrito do termo.

A nossa experiência, sabe-se, teve início em 84, com a criação do Conselho Permanente da Concertação Social. Esta recordação provoca-me, de imediato, a seguinte observação: entre nós, a concertação é sobretudo fruto da iniciativa do agente governamental. Dir-se-ia, portanto, que é este o interlocutor sempre mais interessado, como, aliás, a realidade comprova. Não tenho ideia, com efeito, de qualquer processo concertativo aberto e colocado formalmente na mesa das negociações por iniciativa de algum dos parceiros sociais e com sequência sustentada.

Nesta observação não vai subjacente qualquer crítica. A experiência comparada revela-nos que é o Governo quem activa, frequentemente, os impulsos da negociação. Menos usual, porém, é que a institucionalização orgânica e procedimental dessa concertação tenha lugar com o alto relevo formal que conquistou entre nós: seremos, julgo, o único país da União Europeia em que a concertação logrou expressa consagração constitucional.

Esta expressiva formalização orgânica é acompanhada por uma acentuada procedimentalização. Basta analisar o Regulamento interno da Comissão Permanente de Concertação Social. Não se deve ignorar, naturalmente, que estamos perante uma Comissão autónoma do Conselho Económico e Social, que foi qualificada, intencionalmente decerto, como **permanente**. Todavia, a natureza medularmente político-social da concertação não se "casa" com esta pretensão de permanência e de continuidade nos procedimentos concertativos. Estes são pendulares ou intermitentes, pela contingência dos factores que os condicionam.

E, de facto, pode constatar-se que é irregular o funcionamento daquele órgão: o número de reuniões efectuadas oscila entre máximos de 22 e 20, respectivamente, em 1994 e 1996, e mínimos de 4 e 5, respectivamente em 1995 e no ano findo. Não ignoro que a Comissão funciona também como instância consultiva e não só de concertação. E também não identifico quantidade de reuniões com qualidade de resultados. Mas os números também "falam" por si, sejam quais forem as interpretações que se lhes emprestem. Ademais, repare-se que o próprio Regulamento da Comissão obriga a que o seu Plenário reuna, ordinariamente, de dois em dois meses. Da lei à prática intromete-se um oceano... Mas isto não é novidade, e menos ainda qualquer exclusivo daquela Comissão.

A prevalência do sujeito governamental no órgão autónomo de concertação social é um dado imperativo na sua composição. Com efeito, a Comissão é presidida pelo Primeiro Ministro, ou por um Ministro em que delegue. Isto parece brigar com a natureza independente que a Constituição conferiu ao Conselho Económico e Social, como instância constitucional auxiliar, e não se compatibiliza bem com a matriz do tripartismo que está no código genético da concertação social. Não será, porventura, tarde para reponderar a solução, no sentido, por exemplo, de atribuir a presidência, rotativamente, a cada uma das três partes.

A ocorrência intermitente dos acordos de concertação social liga-se indissociavelmente aos contextos e conjunturas políticas, económicas e sociais daquilo a que podemos chamar os "**ciclos da concertação**". A análise porventura mais interessante que se poderia fazer implicaria, portanto, a elucidação e avaliação do contexto de enquadramento e das estratégias do Governo e dos parceiros sociais no intercâmbio concertativo. Como é bem de ver, essa análise postularia o contributo conjugado de politólogos, de economistas, de sociólogos e de juslaboralistas. Ensaiarei, de modo necessariamente rudimentar, algumas notas a este respeito.

Consideraria, então, os primeiros acordos, bem como as tentativas iniciais de acordos, que se frustraram, como expressão de uma concertação social de **signo estabili-zador**. Quero significar com isto que não pode entender-se o alcance da criação do primeiro órgão de concertação tri-partida, e dos primeiros ensaios concertativos, sem os rela-cionar com as consequências da acentuada instabilidade governativa, económica e social da época. A criação da instância concertativa foi uma exigência sindical da União Geral de Trabalhadores, mas que só ganhou aceitação plena no contexto da coligação política forjada, nessa altura, entre os dois maiores partidos do espectro parlamentar. É essa convergência política, acompanhada pelo apoio sindical da UGT e a concordância das confederações patronais, que explica o arranque do Conselho. E é a necessidade de esta-bilizar minimamente a conflitualidade social aguda então registável e de se superar a grave situação económico--financeira do País que, essencialmente, justifica a inicia-tiva política da sua criação e a realização, no seu seio, de um conjunto de reuniões em que, pela primeira vez, os par-ceiros sociais se sentam conjuntamente, à mesma mesa, com o Governo – excepção feita à Confederação Geral dos Trabalhadores Portugueses, que só mais tarde ocuparia o assento que a lei lhe reservara desde o início.

A concertação social tem, pois, numa primeira fase, nítidos objectivos de estabilização do quadro macro--económico e social. O conteúdo concreto dos dois primeiros acordos, o de 1986, para vigorar no ano seguinte, e o de 1988, para esse ano, revelam-no bem: tratou-se de acordos de política de rendimentos e preços, em que foram adoptadas meras orientações ou recomendações para os preços e salários, com base na taxa de inflação estimada e não já, como tradicionalmente, em função da inflação passada.

O mérito destes acordos reside, assim, em primeiro lugar, na mudança muito significativa que introduzem no panorama das relações de trabalho, exclusivamente fundadas, desde sempre, ou na lei, ou na contratação colectiva de trabalho. O que estes acordos induzem, no contexto do nosso ordenamento laboral, é o surgimento de uma outra, e poderosa, vertente de enquadramento: o pacto social tripartido, ademais do poder legislativo e da autonomia colectiva. É sob esta óptica que importam ao Direito do Trabalho.

Mas não é só esse o mérito. Ao estabelecerem recomendações ou directrizes de orientação para as negociações salariais da contratação colectiva, os acordos têm relevância para o direito e também para a economia do trabalho. Para aquele, porque os termos do crescimento nominal dos salários convencionais continuam a ser produto da autonomia colectiva, sem dúvida, mas exercida, agora, no quadro de uma disciplina orientadora, consensualizada pelas organizações de cúpula, firmantes dos acordos. Isto significa, então, que a autonomia colectiva se entrecruzou com o poder político, permitindo a este uma certa "ingerência" na sua esfera mais clássica, que é, precisamente, a da negociação salarial. E também, por outro lado, para a economia do trabalho, na medida em que a moderação e a racionalização salarial induzem reflexos no andamento da taxa de inflação, no nível do emprego e na formação de preços, salários e outros rendimentos.

A assinatura destes primeiros acordos abriga um alcance que não é de todo idêntico ao que a experiência de outros países europeus ilustra: nestes casos, foram pactos frequentemente timbrados por situações de emergência, provocada pelas crises que abalaram as economias ocidentais nos anos setenta; no nosso caso, talvez não tanto, porque a partir de uma inversão para o reequilíbrio financeiro, o desemprego baixou, os salários em atraso entraram em declínio, as exportações aumentaram e a própria taxa de inflação tendeu a descer. Mas foi, sobretudo, o combate à inflação, no contexto da nossa inserção europeia, a prioridade que presidiu aos propósitos governamentais de obter consensos com os parceiros sociais. Nesse sentido, parece pacífico o entendimento de que esta fase da concertação social prestou um contributo à baixa da inflação.

O AES de 1990 marca uma nova fronteira na nossa experiência de tripartismo contratual, ao abrir o ciclo para uma concertação de **tendência estruturante**, em que a política salarial é apenas uma, e só uma, das componentes do intercâmbio de concessões e do fulcro dos consensos. Com efeito, o Acordo Económico e Social é um pacto de natureza global, em que se interconexionam a política de rendimentos, a política laboral, a política de emprego e formação profissional e a política de segurança social. É claramente enquadrado por objectivos estratégicos correlacionados com a entrada do país na Comunidade Eu-§ropeia.

Este acordo global viria a ser complementado por dois acordos temáticos, um sobre segurança, higiene e saúde no trabalho, outro sobre política de formação profissional, ambos assinados em 1991. Faço-lhes referência particular por duas razões: por um lado, porque foram subscritos por todas as confederações, incluindo a CGTP; por outro lado, porque se tratou de acordos sobre matérias específicas e não de acordos com conteúdo abrangente.

Dos acordos sociais de 1992 e Janeiro de 1996 poderia dizer que se situam na linha do que apelidei de concertação global e estruturante: um e outro, com efeito, não se limitam a prosseguir uma política de rendimentos em consonância com os parâmetros da política macro-económica, antes procuram, no *trade-off* concertativo, operar os equilíbrios possíveis entre medidas de política fiscal, da segurança social e de trabalho e emprego. Ambos, porém, mantêm a característica de acordos com vigência de curta duração[3]. Também ambos mantêm orientações para a política salarial na contratação colectiva, sob o enfoque já, no caso do acordo de 96, das directrizes de estabilidade e crescimento impostas pela política comunitária.

Torna-se conveniente uma alusão, ainda, ao último acordo deste período de mais de uma década de concertação social: o *Acordo de Concertação Estratégica*, que vigorou entre 1997 e 1999.

Em primeiro lugar, constata-se a ambição de reflectir grandes linhas de força de uma "estratégia concertada para o emprego, a competitividade e o desenvolvimento". O sentido estratégico e o alcance de médio prazo que o enroupam não constituem, em si, traços inovatórios: já em 1994, o Governo tinha procurado firmar um acordo de médio prazo, aplicável ao período 1994-1999. Esse projecto contemplava

---

[3] O Acordo de Janeiro de 96 apelida-se de "Acordo de Concertação Social a Curto Prazo".

um leque de políticas e uma panóplia de medidas muito vastas e interconexionadas, pretendidamente susceptíveis de catapultar o desenvolvimento económico e social do País. Por várias razões, nomeadamente a fase terminal do ciclo governativo da altura e os efeitos, ainda sentidos, da recessão económica então atravessada, esse acordo frustou-se. Mas a intenção de tecer compromissos concertativos com sentido estratégico e durabilidade de legislatura foi recuperada no último Acordo, com a diferença, porém, do sucesso que advém do facto da sua assinatura e da vigência que consumou, ainda que com várias omissões no cumprimento das suas inúmeras e generosas medidas.

Em segundo lugar, evidencia-se nele a característica suplementar de espelhar um conteúdo de tal modo extenso e, simultaneamente, por vezes, pontilhado de pormenores que quase se diria estarmos mais perante um "programa de Governo": o texto publicado desdobra-se em 50 páginas com as bases gerais do Acordo e espraia-se em mais do dobro dessas páginas na descrição dos compromissos vinculativos... Pese a boa intenção das partes, que não se coloca em causa, parece-me que dificilmente se tornaria exequível dar concretização à inumerável série de medidas ajustadas, várias das quais, aliás, redigidas com o toque de fluidez que pode conduzir a posteriores embaraços e a impasses na sua tradução prática.

Este último acordo não foi integralmente cumprido, mas o mesmo se poderia, em muito menor medida embora, dizer do seu homólogo de 1990 e, ainda, do Acordo de 88, que foi denunciado pela UGT. É esta inexecução parcial que interessa não repetir, sob pena de desvalorização do papel da concertação social e de criação, no círculo dos seus protagonistas, de posturas de desalento ou atitudes de menor empenho e confiança mútua.

É tempo, agora, de olhar de mais perto os reflexos que terá tido esta experiência de concertação tripartida no domínio da regulamentação do trabalho.

Sabe-se que, na sua versão tradicional e clássica, regulamentação estatal e negociação colectiva constituem as traves-mestras da juridificação das relações de trabalho. Num e noutro caso, como técnicas regulativas, ambas se configuram como métodos de adopção de decisões. Mas, enquanto na legislação as decisões são fruto de actos de soberania política, na contratação colectiva as regras acordadas procedem da autonomia colectiva.

Esta afirmação não implica que devam entender-se como estanques ambos os métodos. Não o são e nunca o foram. Mas a questão das recíprocas interelações e influências que se estabelecem entre esses dois pilares clássicos do Direito do Trabalho reganha contornos novos e readquire horizontes mais estimulantes nas duas ou três últimas décadas. Isto deve-se à influência de um vasto e conhecido conjunto de factores, que mudou e continua a mudar o panorama das relações de trabalho, do mercado do emprego e da organização e gestão empresariais.

A apreciação dos termos em que se vão recolocando novos sentidos ao relacionamento entre a lei estatal, a autonomia colectiva e o próprio contrato individual do trabalho não é matéria incursa no objecto do tema a tratar. Mas já o é a questão de saber em que medida o diálogo social tripartido provocou, ou não, alterações naqueles dois clássicos procedimentos de ordenação social. A ela dedicarei, pois, algumas necessárias observações.

Creio não ser desrazoável dizer que um dos maiores influxos da concertação social se pode verificar, precisamente, no domínio da chamada "legislação negociada". A tipologia legislativa clássica viu-se enriquecida, assim, com esse arsenal de leis, cuja característica peculiar reside no facto de se incorporar no direito estatal o conteúdo de acordos subscritos no âmbito da concertação social.

Bem entendido: a "lei negociada" não constitui qualquer espécime autónomo no sistema de fontes de direito. Ela é, pura e simplesmente, uma lei. Seria, porém, inadvertido lateralizar essa circunstância peculiar de o seu conteúdo se identificar plenamente com o corpo de normas ou orientações oferecido pelo processo de concertação tripartida.

Resulta à evidência que não estamos, aqui, face à participação das estruturas representativas de trabalhadores, e também das associações patronais, na elaboração da legislação do trabalho. Do que se trata, na negociação legislativa concertativa, é de verdadeira negociação, e não, apenas, do direito de os parceiros sociais emitirem as suas opiniões acerca do conteúdo de um projecto legislativo. Nesta medida, não posso deixar de considerar que a negociação legislativa concertativa constituiu, indubitavelmente, um avanço criativo nos processos de formulação legislativa e traduziu uma mudança operativa de síntese de entrelaçamento entre os dois canais clássicos de ordenação das relações laborais. O acordo de concertação social funciona, pois, como uma condição impulsionadora da própria fonte de direito, que é a lei que apropria o conteúdo nele vazado.

Esta inovação suscita, em todo a caso, alguns sérios problemas. Terei ensejo, mais adiante, de aflorar em concreto de que modo. Abstraindo, por ora, desse enfoque, é notório, porém, que o grosso da revisão da legislação do trabalho, a que se procedeu na última década, teve o seu berço, fundamentalmente, nos acordos sociais de 1990 e nos dois que foram subscritos, respectivamente, em Janeiro e Dezembro de 1996. Dir-se-ia, então, que, para ultrapassar o "rubicão" que sempre constituiu essa sensível questão da revisão das leis do trabalho, os Governos sentiram alguma necessidade de legitimação acrescida, e a percepção da vantagem do balanceamento de interesses que, mais ajustadamente, lhes proporcionaria a concertação social.

Compete-me registar o facto; não me cabe apreciar da bondade dos resultados obtidos pelas leis laborais negociadas, porque não antevejo qual pudesse ser o motivo por que as deveria considerar melhores ou piores do que outras apenas porque a sua raiz não repousa em acordos sociais.

Não é preciso proceder, aqui, ao levantamento exaustivo da legislação laboral da década de 90 para se concluir que o corpo mais saliente das mudanças legislativas entronca nos acordos de concertação social . E não apenas no domínio das relações de trabalho *stricto sensu*: em alguns casos, o próprio montante do salário mínimo nacional e dos valores de prestações da segurança social foram pré-fixados por acordo tripartido, para não falar já de medidas legislativas nas áreas do emprego, formação profissional e higiene, segurança e saúde no trabalho, igualmente tomadas ao abrigo de compromissos trilaterais. Estes estribaram também medidas legislativas e regulamentares em muitas outras áreas: na habitação, na saúde, na Administração Pública e por aí adiante.

Não sei se não seria um notório exagero afirmar que os frutos de todos esses processos de negociação legislativa fizeram despontar um novo paradigma das relações de trabalho no nosso País. Suspeito, em contrapartida, que seria manifesto pessimismo asseverar que tantas leis se alteraram e outras se criaram para tudo, afinal, ter ficado na mesma.

A relevância que conferi à concertação social, enquanto motor de processos de revisão legislativa laboral, não pode dispensar uma nota complementar de preocupação, com respeito ao problema da compatibilização dos compromissos legislativos do Governo, assumidos na instância concertativa, com os poderes de soberania do poder legislativo, maxime, em matérias da competência reservada da Assembleia da República.

Este não é um problema novo e a doutrina estrangeira não o tem ignorado. A experiência comparada revela que ele se suscitou em algumas raras, mas sempre delicadas, situações político-sociais, obviamente no respeito pelos princípios da democracia representativa parlamentar, mas não sem também óbvias perturbações no relacionamento desta com as instâncias e procedimentos de concertação social tripartida.

Entre nós, a questão não alcançou repercussão prática quanto à legislação emanada dos acordos firmados no período de governação do PSD, o que se terá ficado a dever, provavelmente, à existência de uma maioria parlamentar folgada. Mas o mesmo não ocorreu em relação ao último acordo, como se sabe. Algumas das medidas legislativas consensualizadas ou não foram tornadas efectivas, porque a Assembleia as deixou caducar por esgotamento da legislatura; ou foram acolhidas, mas com modificações ao arrepio dos compromissos estabelecidos na instância da concertação social. Compreende-se, por isso, que um ou alguns dos parceiros sociais signatários manifestem incomodidade e algum desagrado, por se ver dessa forma claramente ferido o equilíbrio de interesses e contrapartidas insíto em qualquer negociação e timbre de qualquer acordo que não se forje como leonino.

Receio que esta circunstância possa causar fissuras na concertação legislativa. E, de duas, uma, pois: ou a concertação social abdica de tratar de matérias de natureza legislativa laboral, que em grande medida recaem, afinal, na competência da Assembleia da República podendo perder-se, assim, um potencial efeito de reordenamento legal que, de outro modo, arrastada e dificilmente se conseguirá, como o demonstra a experiência decorrida. Ou, então, terá de ser afinado um esquema expedito, credível, e acolhível em termos de sintonização da soberania parlamentar com a autonomia colectiva expressa na instância de concertação social. Por se tratar de um problema delicado, ele requer bom senso e total transparência de articulação entre a esfera de concertação social e a da decisão parlamentar. Poder-se-ia recolher talvez, a este propósito, algum ensinamento no Direito Comunitário, na medida em que certas directivas têm sido o produto puro de acordos negociados pelos parceiros sociais a nível comunitário.

A concertação tripartida não se esgota, porém, nos compromissos legislativos assumidos pelo Governo. Parte substancial do seu interesse e do seu impacto no mundo do trabalho repousa nos efeitos suscitáveis no segundo pilar do ordenamento das relações laborais: refiro-me à contratação colectiva de trabalho, quer do ponto de vista da sua arquitectura funcional, quer do ponto de vista do seu conteúdo. Terei de ser mais comedido nesta avaliação.

Estou convicto de que a adopção de referenciais médios para a negociação das tabelas salariais da contratação colectiva merece um juízo positivo.

A moderação salarial foi, sobretudo na década finda, uma constante observável em quase todos os pactos sociais europeus. Não admira, pois, que entre nós também o tenha sido, mesmo nos períodos em que não se logrou a este respeito qualquer acordo tripartido expresso. E isto é assim, muito por força quer da situação do mercado de emprego, quer das condicionantes macro-económicas que advêm do pacto europeu de estabilidade e crescimento.

Exactamente, porém, porque estas condicionantes são um dado incontornável, o debate salarial entre as confederações dos parceiros sociais e o Governo deveria orientar-se, no futuro, não tanto para a discussão de margens, afinal muito estreitas, de referenciação nominal média para os salários da contratação colectiva, como, fundamentalmente, para a análise das possibilidades, dos termos e dos critérios para uma produtividade nacional mais elevada. Sem esta condição, não antevejo senão uma convergência com os salários médios europeus feita a ritmo insatisfatório. Se for esse o objectivo possível, então não é um objectivo mobilizador. E sublinho que aludo a produtividade nacional, não apenas à produtividade do factor trabalho. Ademais, pareceria útil passar para dois anos o tempo médio efectivo das revisões salariais, proporcionando maior segurança e melhor adequação às negociações salariais sectoriais.

No que concerne o seu conteúdo não pecuniário, acolho a avaliação generalizada de que a contratação colectiva não tem evoluído e inovado, pelo menos olhada em panorama geral. Mas, não pode dizer-se que isto seja por falta de apelos nem da lei, nem da própria concertação social. Aquela frequentemente reenvia para a negociação colectiva o cometimento da fixação de soluções, que não deixa, aliás, de fixar supletivamente; e esta, com não menor diligência, compromete as confederações patronais e sindicais signatárias a influenciar a negociação colectiva sectorial em sentidos tão importantes como estes:

– *a actualização de categorias, carreiras e conteúdos funcionais...;*
– *a promoção da formação profissional, definindo responsabilidades mútuas de trabalhadores e empregadores...;*
– *a organização do tempo de trabalho, no sentido de articular reduções de horário com a adaptabilidade...;*
– *a introdução de mecanismos internos, a nível da empresa ou sector, de resolução de conflitos individuais...;*
– *a organização das actividades de higiene e segurança do trabalho e de definição de responsabilidades mútuas...;*

*– os direitos de informação e consulta dos traba-
lhadores e suas organizações, visando elevar o nível
de participação dos trabalhadores na vida das
empresas... .*

Invoquei, como se deduzirá, alguns pequenos mas elu-
cidativos excertos de compromissos constantes do último
acordo de concertação, e apenas para ilustrar este enredo:
quanto mais a lei e a concertação social devolvem à autonomia colectiva, nos planos sectorial e de empresa, o acciona-
mento do que se esboçou como soluções inadiáveis,
reformistas e adaptativas, mais parece crescer o muro de
bloqueamento e o grau de atonia da contratação colectiva,
como resposta a tanto desvelo do legislador e dos actores
signatários da concertação social!

"Algo vai mal no reino da contratação colectiva", seguramente. Não é novidade. Mas torna-se imperioso e urgente
aqui, talvez mais do que em outro domínio, desencadear um
forte, persistente e inteligente empenho do Estado e de
todos os parceiros sociais no redesenho do sistema de
relações colectivas de trabalho e na retoma de negociações
colectivas que não sejam repetição mecânica do que vem de
atrás.

Se não se conseguir, duvido que possa aspirar-se a qualquer reforma substancial das nossas "relações industriais".
E, então, de duas, uma: ou a legislação terá de funcionar
como se fôra o único pólo motriz do ordenamento laboral,
necessariamente mais extensiva, mais absorvente, mais pro-
lixa e mais asfixiante da autonomia colectiva, a quem não
deixará de continuar a render a devida homenagem e tudo

isto ao arrepio da tendência fulcral e de fundo nos países da Europa comunitária. Ou o direito do trabalho não permanecerá em crise, sequer: perdida a dialéctica impulsionadora de reequilíbrios globais e recorrentes entre o papel do Estado, da autonomia colectiva e da vontade individual, ele restará como uma espécie de compêndio, que a geração que lhe deu seiva, esforço e, em muitos casos, os próprios anos da sua vida profissional revisitará com melancolia.

Naturalmente, não quero e não posso acreditar nessa eventualidade. E por isso mesmo julgo dever devolver-se à instância concertativa o debate e a adopção das soluções conducentes a essa reforma de fundo. Tratar-se-ia, então, de renovar a metodologia e o conteúdo da própria concertação social. Em lugar de se procurar, logo à partida, estabelecer o figurino de um pacto de perfil global e extensivo, proceder-se-ia ao invés: discutir-se-ia a temática do modelo das relações colectivas de trabalho, os aspectos legislativos a alterar, as componentes de sustentação a uma melhor negociação colectiva por exemplo, a implementação do Centro de Relações de Trabalho que ficou previsto no último acordo, o estabelecimento de mecanismos voluntários de resolução dos conflitos de negociação/revisão de convenções colectivas, um eventual apoio financeiro (mas muito transparente) do Estado, com vista a possibilitar aos parceiros sociais, a todos os níveis e sem qualquer discriminação associativa, uma melhor capacitação técnica para os relacionamentos negociais, quando comprovadamente necessário.

Não estranharia que a abordagem desta vasta e rica temática acabaria por conduzir a conexões com outras. De qualquer modo, admito que seria preferível caminhar-se pela via dos consensos focalizados em uma área e, faseadamente, dar lugar a outros, com a oportunidade desejada pelo ritmo e pelo sucesso das próprias conversações tripartidas. Quer seja aquele, ou outro, o tema acolhido, julgo não dever insistir-se numa matriz de concertação globalizada.

Talvez, desse modo, a concertação social viesse a revelar alterações de efeitos insuspeitos. Nisso eu só veria o sinal de vida que parece ter esmorecido ultimamente. E com isso quero acreditar que todos nos regozijaríamos.

O ESTADO E OS PARCEIROS SOCIAIS NA DIALÉCTICA DA REGULAMENTAÇÃO DO TRABALHO[*]

1. Na tradição dos países ocidentais da Europa e deles falo porque foram o berço do Direito do Trabalho , o abandono da posição clássica do Estado liberal e não interveniente na organização do mercado do trabalho e na ordenação das relações de trabalho ficou a dever-se à chamada "questão social" e à evidência de formas extremas e particularmente gritantes de exploração do trabalho. O movimento de reacção que se suscitou contra estas formas de degradação da condição humana de quem trabalha deu origem ao associativismo sindical e, por via dele, às manifestações larvares ou primitivas do que é hoje a contratação colectiva de trabalho, surgida com os chamados contratos de tarifa.

Em qualquer manual de Direito do Trabalho se pode encontrar descrita esta evolução histórica, através da qual o Estado dá início a um processo de "juridificação" das condições de trabalho. Em regra, tratou-se da produção de

---

[*] *Texto da Conferência proferida na Praia, Cabo Verde, Março de 2000, Seminário da OIT.*

algumas leis cuja finalidade assentava no combate ao trabalho infantil, na protecção ao trabalho das mulheres e na fixação do repouso dominical e de limites máximos para a jornada diária e semanal do trabalho.

Um pouco por todo o lado também, o Estado acabou por despenalizar a greve, ao princípio reprimida, sem que o tenha feito, porém, relativamente a todos os trabalhadores (mantendo a sua proibição, por exemplo, em toda a função pública ou apenas quanto a alguns corpos especiais, como os magistrados, os diplomatas ou as forças policiais); e, paralelamente, foi reconhecendo a autonomia colectiva dos parceiros sociais mediante o estabelecimento de um quadro legal para as negociações colectivas de trabalho.

Estes são, em traços necessariamente muito grosseiros, os parâmetros maternos da ordenação das relações de trabalho nos países europeus: a **lei estatal**, por um lado, e a **negociação colectiva de condições de trabalho**, por outro, como os grandes pólos ou fontes de regulamentação laboral. À escala mundial, a evolução depende, obviamente, da situação da economia e das condições históricas e culturais de cada país. Mas não pode ignorar-se, a esta luz, o relevantíssimo papel da OIT e a influência das convenções internacionais de trabalho. De qualquer modo, a legislação laboral e a contratação colectiva constituem duas fontes principais de produção de normas de ordenação laboral em praticamente todos os países, por vezes a par de outras como, por exemplo, as decisões judiciais em alguns países. É claro que o papel, respectivamente, da lei e da contratação colectiva, bem como as relações que entre ambas se entretecem, varia imenso de país para país. Ser-

-me-ia naturalmente impossível tratar desta questão na base das situações de todos os países. Por isso, vou abordar este tema apenas com referência ao âmbito geográfico dos países da União Europeia.

2. Quando se pretende perspectivar o papel do Estado na regulamentação do trabalho, deve começar por se ter presente que o Estado é, ele próprio, um empregador. Em muitos casos, é, até, quase o único ou o maior empregador na sociedade: quer directamente, nas suas Administrações, quer através de empresas públicas ou com participação accionista do Estado. Ora, o Estado legisla sobre as condições de emprego público (frequentemente não coincidentes com as condições de trabalho no sector empresarial privado, ainda que se observe, em vários países, uma certa tendência geral para a aproximação das duas regulamentações) e tutela ou influencia os órgãos de gestão das empresas públicas e participadas, desse modo podendo, também, influenciar a ordenação das condições de trabalho que nessas empresas se pratiquem.

Não vou debruçar-me sobre este aspecto específico do papel do Estado.

E também não vou debruçar-me sobre as atribuições da Administração do Estado na área do trabalho, que hoje em dia são vastas e importantes, quer no domínio da promoção do emprego e do fomento da formação profissional, quer na área da produção de informação sócio-económica, quer, enfim, nas zonas da prevenção e resolução dos conflitos de trabalho ou na da fiscalização do cumprimento das normas laborais.

Circunscrevo, portanto, a matéria a tratar ao aspecto concreto do papel do Estado **enquanto produtor e ordenador legislativo das relações e das condições de trabalho**.

A primeira observação que faria, a este respeito, é a de que existem diferenças notórias no modo como o Estado Social se desenvolveu nos países europeus. Independentemente das especificidades de cada país, que sempre se podem observar ainda hoje não obstante a integração europeia, é possível distinguir, "grosso modo", três grandes modelos de intervenção do Estado, a saber:

– **o modelo continental**, em que o Estado surge a tutelar as relações de trabalho, de modo a proteger a parte considerada mais fraca, que é o trabalhador. Neste modelo, o Estado desenvolve, portanto, uma intervenção forte, no sentido de fixar condições de trabalho inderrogáveis pela vontade das partes no contrato de trabalho e também muitas vezes inderrogáveis pelas próprias convenções colectivas. Simultaneamente, a legislação reconhece e garante direitos de participação na empresa e em instâncias estatais aos representantes eleitos dos trabalhadores ou aos sindicatos, e também às organizações patronais. É, visivelmente, o modelo que impera em Portugal, onde o Estado sempre teve e tem um papel muito influente no ordenamento laboral.

– **o modelo saxónico**, em que o Estado coloca as condições de trabalho essencialmente fora do domínio da lei e garante o exercício da autonomia colectiva, ao abrigo da qual se desenvolvem, predominantemente, as relações de trabalho. A convenção colectiva é a principal fonte de regulação laboral, porém, sem a força jurídica imperativa que lhe é reconhecida nos direitos europeus continentais. A protecção social está separada do contrato de trabalho e é preservada a tendência para uma ingerência mínima do Estado no mercado de emprego.

– **o modelo nórdico**, próximo do modelo continental, na medida em que o Estado não abdica de estabelecer uma regulamentação geral para as condições de trabalho e fixa um quadro jurídico para o livre exercício das negociações colectivas. Neste aspecto, porém, observa-se um predomínio do papel da autonomia colectiva, à qual o Estado deixa um vasto campo de ordenador principal das relações individuais de trabalho, nelas não interferindo, ou interferindo minimamente[1].

3. Claro que estes "modelos" são uma construção teórica, baseada na análise das **tendências de fundo** das diversas realidades nacionais. E estas não são lineares. Por isso, não é possível afirmar com inteiro rigor que há Estados abstencionistas na modelação das condições de trabalho, aos quais se contraporiam Estados intervencionistas ou reguladores. A realidade combina sempre a produção legislativa com a produção da negociação colectiva de trabalho e com

---

[1] Cf. *Au delá de l'emploi*, Alain Supiot, Flammarion, Paris, 1999, que se segue de perto.

a autonomia individual. É verdade, porém, ser facilmente observável que há núcleos de países em que a intervenção legislativa e regulamentadora do Estado tem uma decisiva influência e um grande peso, não obstante nesses ordenamentos jurídico-laborais se reconhecer e garantir a autonomia colectiva dos parceiros sociais; tal como há grupos de países em que as condições de trabalho e os parâmetros do mercado de emprego repousam, essencialmente, na livre negociação colectiva, muito mais do que nas leis.

Estas diferenças devem-se a **factores diversos** de ordem política, cultural, económica e social. E estes factores tendem para uma certa perdurabilidade no tempo, por isso que a "fisionomia" dos sistemas nacionais de relações profissionais mantem traços de continuidade e de identidade. Todavia, como se entenderá facilmente, estes factores também sofrem mutações ao longo do tempo. Os últimos 25 anos constituem um período de profundas transformações nos países europeus ocidentais (e não só nestes, claro): daí que se observem alterações significativas no papel do Estado e no papel dos parceiros sociais.

Tradicionalmente, nos países de modelo continental, a lei desempenha as funções de garante de uma "ordem pública social" e de instrumento mais saliente do ordenamento laboral. Os direitos fundamentais dos trabalhadores e das suas estruturas representativas alcançam, mesmo, estatuto constitucional. O caso português é paradigmático deste modelo e talvez o mais avançado por confronto com o de outros países europeus.

Com efeito, em Portugal, a regulamentação das condições de trabalho deveu-se sempre à lei, muito mais que à negociação colectiva. É evidente que esta característica se pode explicar pela falta de liberdade sindical e pela tutela estatal dos direitos colectivos no período do corporativismo de Estado, isto é, de 1926 a 1974[2]. Após esta data, a liberdade sindical, o direito à greve e a livre negociação colectiva são reconhecidos, garantidos e praticados. Neste aspecto, a situação portuguesa passou a ser comparável à dos outros países europeus com democracias mais antigas.

E, todavia, pode afirmar-se que se manteve, no essencial, a matriz arquitectónica de um modelo muito assente no papel do Estado e na influência predominante das leis do trabalho. Basta adquirir um qualquer compêndio de legislação do trabalho: nenhum alberga menos de quase um milhar de páginas, em que se desfolham dezenas de leis, decretos-leis, decretos regulamentares e outros produtos legislativos!... E vários deles do período corporativo, outros do período revolucionário pós 25 de Abril.

Quando isto acontece, é óbvio que o **espaço efectivo** que a lei estatal deixa à livre negociação colectiva se torna, por força das coisas, **mais exíguo**, diria que espartilhante. É certo que a função clássica das relações colectivas de trabalho, nesse contexto, está preservada pelo ordenamento estatal: às convenções colectivas incumbe **melhorar as condições mínimas fixadas legislativamente** e/ou **abrir espaços de contratualização que a lei deixou em aberto à autonomia colectiva**.

---

[2] Contudo, no chamado consulado de Marcelo Caetano a contratação colectiva de trabalho, ainda que submetida a controlo estatal, ganhou alguma animação.

Foi justamente isto que classicamente se verificou nos países que espelham o referido modelo continental de relações de trabalho. No decurso dos chamados "trinta gloriosos anos" do pós-guerra, a generalidade dos países europeus logrou um assinalável crescimento económico, con-jugado com notáveis melhorias das condições de trabalho e de protecção social. E naqueles, de entre esses países, em que se deveu à lei o impulso para a fixação dessas condições, verificou-se que a negociação colectiva vinha, quase sempre, aumentar, aperfeiçoar ou melhorar os níveis legislativamente consagrados.

Estabeleceu-se, deste modo, uma dialéctica tradicional: a lei fixa condições mínimas de trabalho, progressivamente mais ampliáveis; a negociação colectiva supera-as e melhora-as, ou, então, ela própria vai criando e generalizando condições de trabalho que a lei, em momento posterior, absorve e torna imperativas para todos os sectores económicos e profissionais.

Dois exemplos para ilustrar este tipo clássico de dialéctica: a lei estabelece uma duração mínima para o período anual de férias, a contratação colectiva, progressivamente, vai aumentando essa duração mínima e a lei acaba, mais tarde, por estabelecer novos patamares, mais elevados. Simultaneamente e aqui pode ver-se o reverso da mesma dialéctica , a lei limita-se a devolver à negociação colectiva a tarefa de fixar, nos sectores em que tal seja possível, o chamado, vulgarmente, "subsídio de férias"; e é, de facto, a contratação colectiva que os cria, regulamenta e vai generalizando, até se chegar ao momento em que o Estado decide que essa regalia social pode ser imposta e tornada obrigatória para todo o país e para todos os sectores económicos e profissionais. O chamado "subsídio de Natal" ilustra outro exemplo deste tipo de dialéctica.

Como se intuirá facilmente, a ocorrência desta sinergia recíproca entre a lei estatal e a regulamentação negociada pelos parceiros sociais (o que poderíamos designar por "lei profissional") tem lugar nos ordenamentos jurídicos em que se organizou uma hierarquia para as normas de origem estatal e para as normas de origem convencional, com predomínio daquelas; e tem lugar em sociedades cuja estrutura produtiva e cujo mercado de emprego consentem e fomentam um contínuo crescimento económico e uma praticamente plena ocupação da mão-de-obra (o pleno emprego). Esta última característica é comum aos países em que as condições de trabalho são, fundamentalmente, obra das negociações entre parceiros sociais, quer a nível de empresa, quer de sector de actividade, quer, até, a nível interconfederal (isto é, para vários sectores de actividade).

4. Torna-se, porém, evidente que o tipo de dialéctica que venho a referenciar como tradicional se altera profundamente a partir da década de 70, ou seja, quando os países europeus se confrontam com as consequências dos "choques petrolíferos".

As gravíssimas perturbações sofridas, então, pelas economias europeias levaram a supor-se que se estava face a situações temporárias, de emergência. Mais tarde, percebeu-se que a crise não era passageira e foi-se percepcionando que do que se tratava, verdadeiramente, era de um longo e doloroso processo de fundas alterações estruturais na sociedade, cujo fim não está à vista, ainda.

Ora bem: para os efeitos que importam, interessa pôr em relevo o seguinte: confrontados com as novas e graves situações que emergiram a partir dos anos 70, os Estados tiveram de reagir também no plano do mercado de emprego e da fixação normativa das condições de trabalho.

Essa reacção desenvolveu-se em várias esferas, de que destacaria as mais salientes[3]:

1.º – imperativos absolutos ou **máximos** às condições de trabalho: por exemplo, proibindo a redução do período normal de trabalho, interditando o aumento do período anual de férias, estabelecendo que certas indemnizações devidas aos trabalhadores não poderão exceder os *plafonds* que a própria lei se encarrega de fixar. Este carácter de "imperatividade máxima" não está na tradição do direito do trabalho, como se sabe, e, por isso, trata-se agora de um relacionamento diferente entre a lei e a negociação colectiva de trabalho e trata-se, também, de um relacionamento diferente entre a lei e a própria autonomia individual no contrato de trabalho. **Nem os parceiros sociais, nem os sujeitos individuais ficam autorizados, nesse contexto, a modificar as condições legislativas, sequer para as melhorar. Estamos face a uma mudança do paradigma clássico, ditada,**

---

[3] Cf. ob. cit. e *Critique du Droit du Travail*, PUF, Paris, 1994, «pari passu».

essencialmente, por conjunturas de forte turbação económico-financeira e por intuitos de estruturação de reequilíbrios dos poderes sociais.

2.º – Também em vários momentos, os Estados são forçados, pelo condicionalismo económico, a prestar particular atenção à política de rendimentos e preços. Daí decorre uma dupla consequência: por vezes, os governos **impõem limites aos aumentos salariais** na contratação colectiva e na própria negociação individual, quando não determinam, mesmo, o **"bloqueio"** de qualquer evolução salarial a nível de contratação colectiva ou de mera negociação particular. Outras vezes, conscientes de que as constrições por via legislativa, nestas áreas, são particularmente melindrosas e têm de revestir-se de um necessário carácter de excepcionalidade, os governos **fomentam a concertação tripartida** e, portanto, a via político-negocial como instrumento para a moderação salarial e o combate à inflação. Frequentemente, os primeiros acordos de concertação social foram despoletados em situações enquadráveis por estas características de perturbação económica, descontrole orçamental e das contas externas, e inflação galopante e alastramento do desemprego, em moldes infelizmente nem sempre transitórios.

3.º – Os governos procuram com insistência flexibilizar as condições de recrutamento da mão-de-

-obra e de despedimento, bem como promover adaptações nas formas tradicionais de cumprimento do trabalho, do mesmo passo que visam aligeirar os custos salariais indirectos. Surge, assim, um pouco por todo o lado, a chamada **"legislação do trabalho de emergência"** e o debate ideológico e político muito aceso sobre a **"flexibilização"** das relações de trabalho tem, aqui, as suas origens.

Este debate não pode, ainda hoje, considerar-se encerrado[4]. Mas é verdade que, felizmente, foi perdendo muitos dos seus aspectos de "mitologia guerreira" e ganhando, em contrapartida, os horizontes mais largos e as vertentes mais lúcidas em que se deve colocar. Actualmente, percebe-se que a questão da flexibilidade tem a ver, necessariamente, com muitas outras áreas, factores e instituições para além e para aquém do círculo das relações de trabalho. E, por outro lado, não se questiona já ter de se encontrar sempre um incontornável, embora não fácil, equilíbrio entre os interesses da **segurança** e da **adaptabilidade** no mundo do trabalho. O "trabalho digno" é, porém, o limiar intransponível da flexibilidade[5].

4.º – Esta evolução, cujos traços genéricos apenas afloro, foi conduzindo o Estado a posicionar-se

---

[4] Cf. *Um Rumo para as Leis Laborais*, António Monteiro Fernandes, Almedina, 2002.

[5] Vd. *"Le défi du travail décent"*, R. B. Reich, R.I.T., vol. 141.

sob uma veste necessariamente diferente no ordenamento laboral. O Estado não pode abdicar, bem entendido, da sua função basilar de garante do interesse geral. Todavia, justamente porque a sociedade e a economia evoluem a um ritmo muito rápido, o que torna evolutivos também os valores tradicionais e os comportamentos clássicos dos agentes económicos e sociais, o Estado abriu-se a uma maior participação, em parceria não só com os "antigos" parceiros sociais, como também com os "novos" parceiros (associações de defesa do ambiente, associações de consumidores, das famílias, cooperativas e outras organizações não governamentais). Por outro lado, o Estado reconhece cada vez mais que a solução para as reformas estruturais indispensáveis ao progresso e ao bem-estar passa não apenas pelo **diálogo** com os diferentes parceiros sociais como, igualmente, pela **devolução** a estes da procura e do encontro dessas mesmas soluções.

Tudo isto provoca novas dialécticas entre a lei e a negociação colectiva de trabalho. Procurarei recortar alguns aspectos mais significativos destas evoluções.

Um primeiro aspecto, que salientaria como consequência destes "novos tempos" do direito do trabalho, reside, exactamente, no campo das chamadas **leis laborais (ou sociais) negociadas**. De que se trata? Trata-se, em síntese, de leis **cujo conteúdo reproduz o conteúdo de um acordo de concertação tripartida**, mais ou menos formalizado.

Não se deve confundir isto com o direito de participação das estruturas representativas dos trabalhadores (sindicais e não sindicais) e das organizações patronais na elaboração da legislação do trabalho. Esse é um direito de participação que a ordem jurídica de vários países acolhe e que em Portugal está constitucionalmente consagrado (no que toca às estruturas representativas de trabalhadores). **Ora, na negociação legislativa concertativa, do que se trata é de uma verdadeira negociação e não, apenas, do direito de os parceiros sociais emitirem as suas opiniões acerca de um projecto legislativo, procurando assim influenciar a decisão final do Estado-legislador.** Portanto, deve reconhecer-se que a negociação legislativa concertativa constitui um avanço criativo nos processos clássicos de formulação das leis. Bem entendido: a "lei negociada" não constitui um espécime autónomo no sistema das fontes de direito. Ela é, pura e simplesmente, uma lei como outra qualquer lei. Mas a diferença – e importante – está na circunstância, como já disse, de o Estado-legislador se conformar com o conteúdo do que foi previamente negociado entre o governo e os parceiros sociais. O acordo de concertação tripartida funciona, pois, como uma condição impulsionadora da própria fonte de direito, que é a lei que apropria o conteúdo nele vazado. Por isso, ocorre aqui uma mudança operativa de **síntese de entrelaçamento** entre os dois instrumentos clássicos de ordenação das relações laborais (a lei e a negociação colectiva).

A importância destas leis laborais negociadas é crescente. No caso português, pode dizer-se que tem sido capital, na medida em que a maior parte da legislação do trabalho da última década teve a sua raiz precisamente em acordos sociais de concertação tripartida. Eis, pois, um relevante aspecto de uma nova dialéctica entre o papel clássico do Estado-legislador e o papel dos parceiros sociais.

A evolução a que me venho referindo despoletou outra notória consequência: a legislação laboral, no quadro geral de flexibilização a que já aludi, **cada vez mais se torna apelativa da negociação como instrumento fundamental de regulação das condições de emprego e de trabalho**, por um lado; por outro lado, crescentemente também a lei assume soluções **que permite sejam derrogadas pela contratação colectiva**; ou, ainda, permite com alguma frequência que os **contratos individuais** estabeleçam **condições diferentes, não necessariamente melhores**, do que as adoptadas pelas convenções colectivas de trabalho; ou, enfim, a legislação devolve à negociação colectiva a tarefa de decidir as soluções, fixando estas a título meramente supletivo (ou seja, para a hipótese de a contratação colectiva nada estabelecer sobre a matéria que lhe é devolvida).

Em tudo isto se pode visionar, por conseguinte, uma alteração muito significativa na matriz clássica sob que se arquitectava a legislação do trabalho. Aqui se pode vislumbrar também um **reganhar muito acutilante do papel da negociação colectiva, do diálogo social e da concertação tripartida**. Talvez saibamos já que o "velho" direito do trabalho não se manterá mais sob os cânones clássicos em que se criou e desenvolveu; sentimos que ele está a mudar e que novos entrosamentos entre lei, negociação colectiva e autonomia individual se vão forjando; porém, não sabemos muito bem que caminhos concretos e que soluções específicas se vão consolidar neste percurso inacabado mas temos, em todo o caso, o dever de saber que o ordenamento das relações de trabalho deve servir a justiça social e a coesão económico-social, que são as suas raízes genéticas e a sua fundamental razão de ser.

Esta **renovação** do papel da negociação colectiva e da actuação dos parceiros sociais, sob o enquadramento genérico das transformações de fundo a que estamos a assistir, exprime-se e desentranha-se em três domínios fundamentais, a saber:

1.º – o das **funções** da negociação colectiva;
2.º – o dos **assuntos ou matérias** susceptíveis de contratualização pelos parceiros sociais;
3.º – o dos **níveis** em que se opera a negociação e o da consequente **articulação** entre esses níveis (paralelamente à questão da articulação entre a lei e a vontade individual dos sujeitos do contrato de trabalho).

Tratarei rapidamente um pouco de cada um destes três aspectos, porque isso ajudará a compreender melhor as novas dialécticas na regulação das relações de trabalho[6].

5. Encaremos, então, para começar, a questão das funções da contratação colectiva.

A sua primeira função, que é a mais clássica, traduz-se em **melhorar** as condições de trabalho, cujos níveis míni-

---

[6] Alain Supiot, ob. cit.

mos são fixados por lei (nos países do "modelo continental"). Por vezes, como também já vimos, a negociação colectiva **inova** relativamente a condições que a lei não regula concretamente.

Uma segunda função, mais visível nos países nórdicos, é a de potenciar **a gestão dos recursos humanos na empresa e a própria gestão da organização do trabalho na empresa**. O diálogo social na empresa tem, aqui, um papel de verdadeira charneira e a negociação ao nível da empresa exerce uma influência determinante na organização desta. Mais do que discutir e ajustar condições de trabalho, do que se trata, fundamentalmente, é de consensualizar a organização e a execução do trabalho na empresa. Questões como os enquadramentos profissionais, a especialização de tarefas, a diversificação dos horários, a introdução de novas tecnologias de produção, ou o nível de emprego permanente e temporário são predominantes neste tipo de negociação. Do mesmo modo, a consensualização dos chamados "planos sociais", através dos quais se procura minimizar os efeitos traumatizantes dos despedimentos colectivos ou das suspensões colectivas de trabalho, inscre-se nesta linha funcional de negociação. Como é bem de ver, trata-se de uma negociação que se faz ao nível de cada empresa em concreto e não tanto a nível de contrato colectivo sectorial. Por outro lado, trata-se de um tipo de assuntos que tanto é susceptível de acerto com as estruturas eleitas dos trabalhadores, como com as estruturas sindicais existentes na empresa. Isto depende dos contextos legais sob que podem actuar as duas estruturas de representação dos trabalhadores na empresa e da prática das relações industriais.

Uma terceira função é a de **impulsionar e criar legislação** (função "pró-legislativa"). Já atrás exemplifiquei este tipo de situação. Pela natureza das coisas, só uma negociação tripartida e de âmbito nacional pode exercer este papel, quer seja global, quer seja sectorial.

Uma quarta função pode ser designada como "**flexibilizante**".

Os novos condicionalismos económicos e sociais, a que aludi de raspão, "forçam" a negociação colectiva à finalidade de **adaptação das condições de exercício do trabalho às necessidades específicas da competitividade e da reorganização das empresas**. Isto torna-se mais premente quando é a própria lei a atribuir-se natureza supletiva ou dispositiva, deferindo, portanto, à contratação colectiva o papel específico de **criar e moldar as soluções** para as situações que aborda. Naturalmente, estamos aqui perante um autêntico desafio à negociação entre os parceiros sociais, a nível de sector de actividade ou de empresa. Por isso mesmo, se este desafio confere ao diálogo e à negociação um estatuto privilegiado de regulador das condições de emprego e trabalho, é verdade, porém, que esta finalidade pode esvaziar-se na sua concretização, sempre que as relações colectivas de trabalho não revelem fluidez ou seja, capacidade de se auto-organizarem e se exercerem na plenitude da autonomia colectiva, que a lei pretende fomentar e ver desenvolvida em termos de adaptação às realidades. É, infelizmente, a situação portuguesa.

A questão da modulação do tempo de trabalho e a da polivalência de funções pode ilustrar significativamente este tipo de função nova, reconhecida à contratação colectiva de trabalho.

Enfim, podemos distinguir ainda uma função de **implementação reguladora** da própria lei, sempre que esta se limita a estabelecer princípios ou regras genéricas, deixando à livre negociação o papel de preencher esses espaços legais propositadamente vazios. Por exemplo, a lei pode estabelecer que as convenções colectivas regularão, pela forma que entenderem, processos de conciliação, mediação e arbitragem para os conflitos colectivos de trabalho, tal como pode, ao invés, regulá-los ela própria, ou imperativamente, ou apenas supletivamente.

Em qualquer destas funções mas, sobretudo, naquelas que mais recentemente são descortinadas e evidenciadas , o Estado não pode deixar de criar condições para **o equilíbrio das partes e incitações à negociação colectiva**, sob risco de esta se frustar frequentemente. Sublinho, porém, que isto não depende, apenas, do Estado, passa também pela reorganização institucional dos parceiros sociais, pela sua representatividade e pela sua capacidade de resposta concreta às questões específicas que se levantam no mercado de emprego, nas empresas e nos sectores de actividade.

6. Uma segunda linha de tendência geral centra-se no conteúdo ou **na natureza das matérias** que são objecto das negociações. A contratação colectiva teve origem histórica, sobretudo, na necessidade de os sindicatos se oporem às tentativas patronais de abaixamento do custo salarial e de preservarem o nível da oferta de trabalho. Por isso, a negociação colectiva preocupou-se fundamentalmente com a fixação colectiva dos salários, em particular a nível de ramo e de sector de actividade. Por essa mesma razão, em alguns países foram originariamente designadas por "convenções tarifárias", isto é, convenções que estabeleciam as tarifas ou níveis dos salários, a que já aludi.

A partir desses primórdios, a negociação colectiva não deixou nunca de regular a remuneração e outras prestações de natureza pecuniária. Gradualmente, ocupou-se também das restantes condições "clássicas" de prestação de trabalho: a regulamentação do tempo de trabalho, as férias, as faltas, as classificações profissionais, o regime disciplinar na empresa, o montante das indemnizações e/ou a duração dos avisos prévios por cessação do contrato de trabalho, etc..

Foi nesta perspectiva que assumiu mais significativamente a sua função de melhoria constante das condições mínimas fixadas pela legislação do trabalho, proporcionando "mais e mais" do que as leis por si próprias já concediam. Esse era o papel que naturalmente se esperava fosse exercido pela negociação colectiva e que, de facto, exerceu durante muitos anos, no quadro da dialéctica tradicional "lei-regulamentação convencional" das relações de trabalho.

Esse papel mantém-se nos nossos dias, mas encontra--se modificado sob muitos aspectos, devido ao conjunto de factores que vieram e continuam a alterar o paradigma clássico das relações de trabalho.

Por isso, sendo hoje **a questão do emprego o pano de fundo** das preocupações emergentes das transformações nas economias, nas empresas, nas profissões, não admira que a negociação colectiva tenha passado a ter de tratar, também, quando não sobretudo, de todos as condicionantes e aspectos que se conexionam com o nível e a qualidade do emprego. Isto é particularmente visível, entre nós, na concertação tripartida por causa das políticas macro-económicas, nomeadamente das políticas públicas de fomento do emprego.

Assistimos, em consequência, a uma **redefinição do campo das matérias sob negociação** e, inclusive, a uma **inversão do signo tradicionalmente redistributivo da negociação salarial** e tudo isso com vista à preservação do emprego, repito.

Daí que não raramente se possa observar a existência de negociações em que os sindicatos aceitam reduzir o salário em troca de mais empregos ou, apenas, em troca da manutenção dos empregos existentes; ou aceitam reduções temporárias da jornada de trabalho, diária, semanal ou mensal, com redução proporcional (ou não inteiramente proporcional) da correspondente retribuição; ou aceitam a adaptação da duração do trabalho, permitindo a sua fixação em termos médios (o trimestre, o semestre, o ano civil) e, consequentemente, a flexibilização dos tempos de produção das empresas; ou aceitam sistemas salariais mais intimamente ligados à avaliação das competências profissionais, ou à produtividade, do que meramente conexionados à inflação e à padronização de categorias profissionais que, elas também, já não são estáticas face às mutações tecnológicas e organizativas.

São, portanto, questões mais ligadas ao emprego, à formação profissional, às condições de higiene, segurança e

saúde nos locais de trabalho, aos planos de reforma anteci-
pada e sua sustentação financeira, à modulação do tempo de
trabalho, às garantias perante a precarização das novas formas de prestação do trabalho (o trabalho temporário, o trabalho a prazo, o trabalho a tempo parcial, por exemplo) que
vemos tratadas, hoje em dia, como questões novas na negociação colectiva formal e, muitas vezes até, em negociações
atípicas ou informais, desenvolvidas à margem do esquema
legal das relações colectivas de trabalho.

Como é bem de ver, o dilema basilar da centralidade do
emprego obriga a negociação colectiva a penetrar por novas
áreas de assuntos e incita-a a aceitar uma **lógica de troca**
entre sindicatos e associações patronais e empresas, que se
situa, agora, acima da tradicional lógica da pura redis-
tribuição entre salários e lucros. E isto porque a segurança
de emprego se tornou mais importante do que a segurança
do rendimento salarial em situações recorrentes.

É evidente que os sindicatos não renunciam (e jamais o
poderão fazer) a defender a melhoria das condições de trabalho e a dignidade inerente ao próprio acto do trabalho. A
perspectiva sob que o fazem, as matérias de que tratam e os
modos como as defrontam e procuram resolver, isso é que
se alterou. Pode, portanto, afirmar-se sem receio **que os
novos horizontes da negociação colectiva são muito mais
exigentes e implicam os parceiros sociais em processos
de diálogo e negociação muito mais difíceis e complexos
do que outrora o foram.**

7. Uma última linha de tendências gerais advém das
anteriores: porque a natureza das matérias se alargou, e cada

vez mais se interconexionam numa **visão indissociável entre o económico e o social, entre a estabilidade e a adaptação, entre a formação e a empregabilidade, entre a igualdade e a diversidade** a negociação colectiva **articula ou intercomunica os níveis diferenciados** a que tem lugar e onde deve, mais apropriadamente, decidir o tipo de matérias de que trata e pretende regular.

Nos vários modelos europeus a que fiz referência, nunca existiu um só nível de negociação. Mas é certo que, tradicionalmente, esta foi, de modo predominante, mais situada ao nível de cada empresa do que ao nível de sector (na Grã-Bretanha, por exemplo); ou, ao invés, mais desenvolvida nos vários sectores e subsectores da actividade económica do que nas empresas individualmente consideradas (França, Portugal, Bélgica, Alemanha, por exemplo); ou, finalmente, mais centralizada em grandes acordos nacionais paritários, negociados pelas confederações de cúpula dos sindicatos e das organizações patronais, e desenvolvida e complementada por negociações sectoriais e de empresa (Suécia, por exemplo).

Repito: estes modelos nunca foram estanques no seu perfil, porque sempre houve negociações a vários níveis. Todavia, isso não invalida a afirmação de que, em certos países, se observa com mais frequência uma negociação sectorial e com menor frequência uma negociação por empresa, ou inversamente noutros países. Em Portugal, a negociação sectorial, vertical e profissional, é a predominante, como se sabe.

Nas últimas décadas, assistimos a algumas alterações também neste plano: observa-se, por um lado, um **reforço**

das negociações e do diálogo na empresa, justamente porque é a esse nível que as questões concretas da adaptabilidade das condições de trabalho às novas organizações produtivas se coloca com mais acuidade; por outro lado, porém, observa-se um certo **movimento de centralização a nível nacional**, para debate e acerto de decisões sobre as grandes questões que envolvem a generalidade das empresas e dos trabalhadores, em particular por via da contratação colectiva interconfederal ou através da concertação social tripartida. A negociação colectiva por sector de actividade permanece, noutros países, como eixo fulcral, mas não fica imune à macro-concertação tripartida e tem de operar articulações com a negociação a nível de empresa.

Pode dizer-se, em suma, que o perfil mais marcante de cada sistema nacional de relações industriais não se desfez; mas é certo que está a revelar alterações significativas.

Neste contexto, pode concluir-se, então, da seguinte forma sintética:

1.º – é visível o surgimento de novas dialécticas na relação entre o Estado e os parceiros sociais como agentes de ordenação das relações de trabalho. A lei e a negociação colectiva não perdem o seu papel e o seu espaço tradicional, mas comunicam-se e interpenetram-se sob novas perspectivas e de acordo com novos procedimentos de relacionamento;

2.º – é visível também o surgimento de novas dialécticas no interior do próprio sistema da negociação colectiva, que provocam a necessidade de articulações mais fluídas e de sinergias recíprocas entre os vários níveis a que tem lugar o diálogo e a negociação, o conflito e o consenso.

3.º – a concertação social tripartida desperta como impulsionadora da Legislação Laboral negociada e fornece novos enquadramentos à negociação colectiva de trabalho.

FLEXIBILIDADE E RELAÇÕES LABORAIS
UM ENQUADRAMENTO[*]

O termo "flexibilidade" entrou, decididamente, no vocabulário político, económico e social. Fala-se de flexibilidade a propósito dos critérios fixados no Tratado de Maastricht e para a criação da Moeda Única, como se fala de flexibilidade em relação às políticas monetárias, ou, ainda, de flexibilidade tecno-produtiva, funcional e organizacional no domínio da gestão das empresas.

Claro que também se fala de flexibilidade laboral, e não de data recente. O debate sobre este tipo de flexibilidade contará bem com mais de década e meia noutros países europeus. Terá sido iniciado a partir do momento em que se foi confirmando que a longa estabilidade económica e o palpável progresso social dos chamados "trinta gloriosos anos" deram lugar a um aumento brutal do desemprego. Basta lembrar que a taxa média de emprego[1] se situava, em 1965, ao redor dos 65% e que hoje andará pelos 58%. No

---

[*] *Texto da intervenção em Seminário do Conselho Económico e Social, Lisboa, 1997.*

[1] Relação entre o emprego total e a população em idade de trabalhar (15-64 anos).

período entre 1960-1973, os níveis de desemprego na então Comunidade Europeia mantiveram-se relativamente estáveis (média de 2,6%). Sobem para uma média de 10,8% em 1985, baixam para 8,3% em 1985 e estão agora, de novo, próximo dos 11%.

Estes indicadores mostram que a economia comunitária se caracterizou por uma fraca criação de postos de trabalho, com excepção do período 86-90, e patenteiam que o problema do desemprego emerge preocupantemente a partir dos primeiros anos da década de 70, após a primeira crise energética. Também entre nós assim aconteceu: até 1973, a nossa taxa de desemprego pouco superior era a 2%; subiu para os 8%, ou um pouco acima, até 1985; retrocedeu ao nível dos 4,1% ou 4,2% até 1992; voltou a trepar a partir desse ano, para se estabilizar, actualmente, na casa dos 7,1%, embora seja de esperar que volte a descer. Com isto sugiro uma certa linha de tendência comparável à dos outros países comunitários, mas não qualquer identidade absoluta de causas, ou de ritmos e intensidades, porque as estruturas produtivas reagem de acordo com as suas próprias características, embora não divorciadas do mercado aberto em que se situam.

À subida galopante do desemprego procurou-se reagir através de várias políticas. E a política do trabalho foi chamada a dar o seu contributo. O direito do trabalho de emergência, ou o direito do trabalho na crise, foi, então, uma expressão frequentemente brandida nos debates. Com ela se pretendia significar que o direito do trabalho não poderia deixar de forjar respostas, traduzidas em medidas de emergência para o incremento do emprego. Supunha-se tratar-se de medidas de emergência, ou seja, de natureza transitória. Infelizmente, os factos encarregam-se de evidenciar que a crise era mais persistente e os anos tornaram mais visível que se tinha iniciado e estava em curso uma mudança estrutural nas sociedades, cujo desfecho ignoramos.

Não sei a quem cabe a paternidade da expressão "flexibilidade laboral". Já o célebre relatório DAHRENDORF, elaborado sob os auspícios da OCDE e datado de 1986, se intitulava significativamente acerca da flexibilidade do mercado de trabalho. O termo conquistou a agenda dos tempos e penetrou na linguagem corrente, com adeptos e com adversários, inicialmente inimigos.

Mas, como defini-lo? Não é um conceito jurídico-laboral, é mais um instrumento operativo de ressonância económica e sociológica. Não é, também, uma noção precisa. Em todo o caso, e em sentido muito amplo, dir-se-ia que é uma expressão que nos remete para o conjunto de respostas exigíveis às relações e condições de trabalho, perante as mudanças profundas, de vária natureza, que estão a criar as sociedades a que se vem dando o nome de sociedades da informação.

Essas respostas traduziriam, assim, a passagem de um certo modelo na orientação das políticas laborais – chamado do "garantismo no emprego" (a nível macro-económico, através das políticas públicas de pleno emprego, a nível micro, através da estabilidade do posto de trabalho na empresa, assegurada por contrato com prazo indeterminado e a tempo inteiro, protegido fortemente contra o despedimento) para um outro modelo, de paradigma flexível, dentro e fora da empresa. Por isso mesmo, alguns proclamaram o fim do princípio tradicional da estabilidade no emprego. Não creio que tenham razão, pelo menos, razão absoluta.

A flexibilidade impor-se-ia, portanto, como uma exigência para a imperiosa eficiência do mercado de trabalho. E esta pode ser traduzida na seguinte passagem de um conhecido relatório da OCDE:

"Para se conseguir um crescimento duradouro sem inflação é fundamental que os mercados de trabalho sejam flexíveis e eficientes. A produtividade, a produção e o emprego crescerão se for rápido o ajustamento entre a oferta e a procura de mão-de-obra, se existir mobilidade no mercado de trabalho, tanto fora como dentro da empresa (...) Se as regulamentações forem restritivas, os empresários podem tornar-se excessivamente cautelosos na hora de contratar (...). Neste caso, diminuirá o número de vagas de trabalho e a rotação de pessoal, o que atrasa os reajustamentos estruturais. É necessário rever as regulamentações dos mercados de trabalho para se assegurar que não sejam responsáveis por rigidezes prejudiciais."

Não é suspeito que este enfoque repouse numa certa ideia de economia de mercado. Ora, a verdade é que as nossas economias, sendo de livre mercado, não deixam de depender de variadas decisões políticas, económicas e sociais e da actuação dos próprios actores sociais, para não aludir, já, aos factores crescentemente influentes da internacionalização. Parece-me, assim, que a ideia de flexibilidade absoluta é impossível. O dilema não se colocaria, pois, entre "rigidez ou flexibilidade", mas, antes, que tipo de rigidezes se comprovam, que tipo de flexibilidades se admitem necessárias, que tipo, em suma, de combinação equilibrada se deve estabelecer entre segurança e flexibilidade e através de que processos? A isto subjaz, claro, uma questão de fundo: a quem serve a flexibilidade laboral? Não negaria, sob pena de dogmatismo, que ela é globalmente favorável às empresas e provavelmente à economia no seu todo. As empresas carecem, para serem mais competitivas, mais produtivas, mais inovadoras, melhor organizadas, de não se confrontarem com espartilhos de regulamentações legais ou convencionais que as inibam de sobreviver, de rejuvenescer e de progredir. Não admira, por isso, que sejam as organizações patronais a reclamar dos poderes políticos e dos sindicatos a adopção e a negociação de medidas de flexibilização laboral, como não espanta que continuem a insistir em objectivos de flexibilização face à "incerteza das incertezas do amanhã".

É verdade, porém, que a flexibilidade dos normativos e dos procedimentos laborais tem sido igualmente invocada como necessária ao combate ao desemprego e como factor decisivo para a criação de novos empregos. É frequentíssimo que os preâmbulos legislativos, os relatórios e os estudos na área temática da reforma do mercado de trabalho, de origem nacional ou comunitária, se alonguem em explicá-lo.

Os adversários da flexibilidade encontram, porém, na persistência (quando não no próprio agravamento) dos níveis de emprego um argumento poderoso para a combaterem. E juntam-lhe o do alastramento de situações de precariedade e de degradação das condições de trabalho que, em casos crescentes, estão à vista. Os sindicatos têm sido, naturalmente, os primeiros e mais visíveis protagonistas desta linha de entendimento. Mas, não estão isolados nessa contestação, ao menos quanto a parte das razões em que se estribam, tal como o empresariado também não se viu desacompanhado na sua exigência de maior flexibilidade laboral, junto dos poderes políticos e de outras forças influentes na sociedade.

Creio que não poderá recusar-se a virtual evidência empírica de que os sucessivos "pacotes" de medidas legislativas, adoptados no domínio da legislação do trabalho e do emprego, não conduziram à regressão do desemprego, como pretendiam. Em todo o caso, e para não enveredar por conclusões precipitadas, deveria procurar-se saber o seguinte: e sem essas medidas não se teria agravado o desemprego? Sem elas, não se teria inviabilizado a criação de novos postos de trabalho, ainda que sob o signo da precariedade ou da temporalidade? Para explicitar esta advertência, recordo que, segundo dados de um recente estudo do Departamento de Estudos e Planeamento do Ministério para a Qualificação e o Emprego, as medidas de política adoptadas visando a criação de emprego de jovens sob contrato permanente, a tempo inteiro ou parcial (16-30 anos), abrangeram 62.509 jovens em 1991, 51.055 em 1992, 42.369 em 1994 e 43.990 em 1995[2]. Teriam os empresários contratado esses jovens sem essas medidas?

---

[2] Valor previsional.

Seja como for, é irrecusável a constatação de que a flexibilidade tem constituído um tema fundamental de reflexão, de debate e negociação em todos os países desde inícios da década de 80. Como pertinentemente afirmou Guido Baglioni (no estudo que produziu para a conhecida obra *Relações Laborais na Europa – o desafio da flexibilidade*), *"ele é um dos aspectos em que se observa uma* **convergência universal na evolução dos sistemas de relações de trabalho"**.

Em termos muito esquemáticos, poderá dizer-se que esta convergência ocorre tanto no que respeita à chamada "flexibilidade interna" (alterações na organização e na duração do tempo de trabalho, nos sistemas salariais e na polivalência das funções) como à designada "flexibilidade externa" (modificações na composição numérica dos quadros de pessoal, formas de contratos novos ou atípicos, mobilidade profissional). Às correspondentes estratégias chamam uns de "flexibilidade defensiva" (em que se privilegiaria, sobretudo, a possibilidade de variação do número de trabalhadores em função das necessidades conjunturais dos mercados e a abertura para contratações temporárias ou a termo, bem como o recurso intencionalmente sistemático a empreitadas e subcontratações), chamam outros de "flexibilidade ofensiva" (em que se privilegiaria, aqui, a estabilidade e a formação profissional, o aumento da produtividade aliado a sistemas remunerativos de recompensa à qualidade e ao mérito, a negociação colectiva articulada entre os níveis superiores à empresa e no interior desta).

Não creio que, na prática, seja possível separar estas estratégias, modelos ou "culturas" da flexibilização, segundo os diferentes países. É mais razoável admitir que, em cada um, coexistirão ingredientes de um modelo ou de outro, ainda que com um peso ou influência oscilantes. Parece mais ajustado, assim, não identificar esta convergência geral com uma pretensa "unicidade flexibilizativa" – que, muito provavelmente, seria desastrosa, por não atender às especificidades nacionais, regionais, sectoriais e de empresa.

Neste contexto, e com esta sublinhada prevenção, será, então, possível falar de algumas tendências gerais observáveis mais recentemente nos países da União Europeia, para o que recorro a uma Comunicação da própria Comissão Europeia[3].

Em primeiro lugar, observa-se que inúmeros Estados-membros introduziram reformas no sentido de uma organização mais flexível do trabalho, adaptando o tempo de trabalho às variações da actividade económica. Isso foi feito quer através da anualização do tempo de trabalho (estabelecida, por exemplo, na França, Bélgica e Espanha), quer através da adaptabilidade dos horários (como no nosso País, com a Lei n.º 21/96), quer, ainda, mediante a prevenção de despedimentos através de estímulos à redução temporária do tempo de trabalho (Bélgica, Dinamarca, França e Irlanda).

Observa-se igualmente que inúmeros Estados-membros facilitaram o recursos a contratos de trabalho atípicos, de duração determinada ou a tempo parcial, mas sem des-

---

[3] "*A estratégia europeia de emprego: progressos recentes e perspectivas*", Bruxelas 11.10.95.

curar os direitos dos trabalhadores. Este necessário equilíbrio entre a flexibilidade no recurso a diferentes tipos de contratos e a exigência de protecção dos direitos dos trabalhadores pode ser alcançada também através de reformas legislativas, em que se estabeleçam condições mais restritivas para a contratação a termo certo, flexibilizando-se, simultaneamente, as condições de despedimento nos contratos por tempo indeterminado.

Outras medidas relacionam a flexibilização das condições de trabalho e a criação de emprego. É o caso, por exemplo, da Dinamarca, em que se permitiu aos trabalhadores a interrupção temporária das suas funções, nomeadamente para adquirirem uma formação, em troca da admissão de um desempregado de longa duração. É igualmente o caso da Alemanha, onde numerosos acordos em vários sectores industriais e nos Estados da ex-RDA estabeleceram um compromisso de redução do tempo de trabalho, com redução salarial, e a garantia de não ocorrência de despedimentos por motivos económicos durante período de tempo pré-acordado.

O emprego a tempo parcial tem sido outra modalidade em expansão. Em 1995, representava 15,4% do emprego total, em média, na União Europeia. Mas há, aqui, diferenças significativas entre países. Em Portugal, por exemplo, o trabalho a tempo parcial representará 7,5% do emprego total em 1995, sendo um fenómeno essencialmente feminino, como se sabe.

Outra linha de tendência geral respeita à moderação na política salarial. Os poderes públicos têm encorajado fortemente os parceiros sociais para negociações que se contenham dentro dos limites da inflação e não coloquem em causa o emprego. Por vezes, têm imposto um verdadeiro congelamento salarial (por exemplo, na Bélgica entre 1994 e 1996, e este ano em Espanha quanto aos funcionários públicos).

Têm sido feitas também algumas tentativas no sentido de diferenciar os salários em função das categorias dos trabalhadores, a fim de facilitar a inserção no emprego de certas camadas mais desprotegidas. Por exemplo, na Alemanha, alguns dos acordos celebrados em 1995 (indústria química e do papel) estabeleceram salários inferiores, no máximo em 10%, relativamente aos salários normais, para abrir a porta ao recrutamento de desempregados de longa duração.

Uma outra tendência que se vem desenhando respeita aos chamados novos jazigos de emprego e às iniciativas locais. Recordo que o Conselho Europeu de Essen identificou dezassete domínios preferenciais. Trata-se de um âmbito privilegiado para a inserção dos desempregados, quer através de ajudas directas temporárias, quer de uma diminuição dos custos salariais para as empresas, e onde outros parceiros sociais (as autarquias, as IPSS, as ONG) podem desempenhar uma relevante missão.

Passaria por sobre todas as políticas de investimento na educação e na formação e no seu entrosamento com a regulamentação do trabalho; dispensar-me-ia de aludir aos importantes aspectos da redução dos custos indirectos do trabalho, sem deixar de chamar a atenção para as compensações que exigem dos orçamentos nacionais, o que implicará, porventura, uma dose elevada de selectividade neste tipo de medidas, ou uma procura acertada de novas bases de financiamento; abdicaria, enfim, de referenciar iniciativas concernentes aos grupos mais desprotegidos, ou de introduzir a questão da descentralização das negociações – e não porque tudo isso não seja importante, mas porque extravasa o escopo destas linhas.

É hora, pois, de procurar fazer um balanço rudimentar e de tentar ajustar algumas ideias tendencialmente compreensivas de tão complexa temática.

Acentuaria, acima de tudo, que a flexibilidade do mercado de trabalho não pode ser erigida sob o entendimento de que constitui a "reforma das reformas". Os ajustamentos estruturais que, sem dúvida, são necessários no tecido económico e as modificações organizacionais e tecno-produtivas que se impõem às empresas dependem muito mais de outros factores do que da flexibilidade do mercado de trabalho.

Neste sentido, sublinharia quão importante é para as empresas poderem desfrutar de um clima macro-económico saudável e consistente. Políticas macro-económicas coerentes e sustentadoras de um crescimento não inflacionista são uma condição fulcral para um equilibrado desenvolvimento do tecido produtivo. Políticas orçamentais, monetárias, financeiras e fiscais que não oscilem ao ritmo dos ciclos eleitorais, nem denunciem ziguezagues de cedências perante meros grupos de interesses e em desfavor do conjunto da comunidade, são seguramente muito mais importantes para estratégias empresariais de investimento, de inovação, de qualificação dos recursos humanos e de recriação ou melhoria nos produtos e serviços que prestam, desejavelmente para mercados mais vastos, do que só a flexibilidade do mercado de trabalho. Enfim, políticas educativas e formativas com mais qualidade e eficiência, políticas de desenvolvimento regional e de criação ou de ampliação de infra-estruturas básicas, de fomento de redes acessíveis de informação tecnológica são indispensáveis, mais do que um mercado de trabalho desagregado, para que se alcancem níveis de qualidade de vida que ninguém deseja ver regredir. E uma Administração Pública moderna e eficiente é também condição *sine qua non* para a competitividade e o progresso.

Mas, ao dizer isto, não estou, de modo algum, a recusar a necessidade de ajustamentos ou adaptações nas relações e nas condições de trabalho. A reforma do mercado de trabalho tem o seu lugar no conjunto de reformas que as mudanças económicas, tecnológicas e societais continuam a suscitar. Ela é importante, mas deve ser relativizada. Mais do que isso: tem de ser articulada com as outras reformas, numa estratégia global e coerente e com um sentido, largamente compartilhado, de desafio comum.

O grau de aceitação deste tipo de entendimento parece--me crescente. Nem a flexibilidade laboral já é erigível como a fronteira para o futuro, como algumas modas neo--liberais pretenderam fazer crer, nem, ao invés, constitui mais a figura demoníaca a respeito da qual alguns outros se recusavam sequer a discutir.

Afirmaria que houve, também neste aspecto, uma evolução entre nós. Quanto a mim, ela ficou a dever-se em muito à concertação tripartida[4]. Não é segredo que tenho

---

[4] Comprovando o contributo da concertação social para as reformas legislativas laborais, vd. António Nunes de Carvalho, "*A flexibilização do direito do trabalho português*", CES, 1998.

Flexibilidade e Relações Laborais – Um Enquadramento

sido adepto dos métodos concertativos, que considero expoentes de um sistema mais racionalizador de regulação sócio-económica e potencialmente favorecentes de estratégias de desenvolvimento mais coerentes e sustentáveis, exactamente porque negociadas, consensualizadas, acolhidas e, por isso, conduzidas com maior empenho, determinação e confiança. Não vejo razões para alterar esta opinião ao sabor dos ciclos eleitorais, precisamente porque a visão que sempre defendi encerra uma forte componente de sentido institucional, na qual o pluralismo não exclui ninguém, lamenta que haja auto-excluídos e aposta na compatibilização dos interesses sectoriais em conjugação com os interesses mais vastos do todo nacional.

Este apelo implícito à flexibilidade negociada do trabalho é indissociável da uma exigência paralela concernente à flexibilidade dos dirigentes sindicais e empresariais. Não é possível tirar partido da flexibilidade do mercado de trabalho se os empresários e os gestores não forem capazes de assumir o gosto do risco, o risco da aventura estudada e reflectida, o sentido da sua responsabilidade cívica e social. E esta manifesta-se perante a comunidade a que pertencem, diante dos trabalhadores que contrataram. Este é um verdadeiro estatuto de cidadania, não é apenas uma forma de ganhar a vida, muito menos de lograr lucros fáceis, especulativos e à custa de outros.

Não tenho qualquer problema em o dizer, porque de igual modo direi que o estatuto de trabalhador deve ser também um estatuto de cidadania, com direitos e deveres para com os empresários e a comunidade em geral. E porque também se trata de deveres impõe-se aos dirigentes sindicais ductilidade na discussão e negociação destes temas.

Numa síntese que procura arrimo de autoridade, permitam-me citar as palavras de João Paulo II na 68.ª sessão da Conferência Internacional do Trabalho. Disse ele: *"nego-me a crer que a humanidade contemporânea, capaz de realizar tão prodigiosas descobertas científicas e técnicas, seja incapaz de encontrar, no esforço criador inspirado pela natureza do trabalho e pela solidariedade que une os homens, soluções justas e eficazes para o problema essencialmente humano que é o desemprego"*.

Ainda não encontrámos essas soluções. E nesta encruzilhada estamos, pois. Receio que teremos de permanecer nela por mais tempo do que desejaríamos. Inspiro-me nesse grande mestre do direito de trabalho em Espanha – Manuel Alonso Olea – para, como ele, terminar deste modo: *"façamos desta encruzilhada uma espera tolerável, o mais economicamente rentável e o menos socialmente injusta"*.

CONVERGÊNCIA E CONCERTAÇÃO SOCIAL[*]

I – ENQUADRAMENTO GENÉRICO

1. Vou procurar ilustrar sumariamente alguns aspectos mais relevantes da experiência de concertação social em Portugal. Para esse efeito, importa clarificar que o termo "concertação social" será utilizado com um sentido preciso: trata-se de um processo de negociações tripartidas a alto nível, em que o Governo, as confederações sindicais e as confederações patronais procuram, a partir de uma leitura não reciprocamente excludente da situação e da evolução previsível macroeconómica do País, estabelecer acordos formais sobre as grandes linhas de orientação e de medidas de política económica e social consideradas necessárias, seja para a ultrapassagem de situações de graves dificuldades económico-financeira, nuns casos, seja, noutros casos, para a consecussão de objectivos de estabilização e modernização do País.

Deve ter-se presente que não existe, em Portugal, uma experiência consistente de concertação social bilateral, isto

---

[*] *Texto da Conferência proferida no Conselho Económico e Social de Espanha, Abril, 1996.*

é, de acordos celebrados, exclusivamente, entre as centrais sindicais e as confederações patronais. Na verdade, uma única vez isso ocorreu: em Janeiro de 1995, a União Geral dos Trabalhadores (UGT) e a Confederação do Comércio Português (CCP) subscreveram um acordo social paritário. Tratou-se, porém, de uma ocorrência situável num contexto muito peculiar e reactiva ao rompimento das negociações tripartidas do ano anterior.

Por outro lado, não me referirei também a protocolos subscritos, apenas, pelo Governo e por um dos parceiros sociais. Eles não são raros. Todavia, cobrem, normalmente, matérias muito específicas, de interesse restrito para o parceiro social que negoceia com o Governo uma determinada solução de incidência puramente sectorial. Foi o caso, por exemplo, do acordo celebrado entre a CAP e o Ministério da Agricultura, com vista à transferência de certas acções estatais de apoio aos agricultores para as associações agrícolas (1993).

Também não vou debruçar-me sobre experiências de concertação social a nível sectorial, por alguns designadas por "mesoconcertação". Há alguns exemplos, embora não abundantes. O mais significativo, do ponto de vista institucional, é o *Pacto de Concertação Social no Sector Portuário*, negociado e assinado no Conselho Económico e Social (mas não na sua Comissão Permanente de Concertação Social) em Julho de 1993.

Por tudo isto, repito e sublinho que, ao falar da experiência portuguesa, circunscrevo-a à concertação social tripartida ao mais alto nível. Esta implica o que a doutrina tem qualificado como um processo de "intercâmbio político" entre o Estado e os parceiros sociais.

Aí está, pois, uma primeira característica da experiência portuguesa: a concertação social é, sempre, entendida como uma negociação tripartida, visando a obtenção de um acordo de concertação ou pacto social.

Uma segunda característica que pode referenciar-se é a seguinte: as práticas concertativas têm tido sempre lugar em instâncias próprias de concertação social. As negociações triangulares e os acordos respectivos nunca ocorreram fora dos palcos institucionais: estes foram, primeiro, o *Conselho Permanente da Concertação Social*, criado em 1984 como um órgão destinado a promover o diálogo e a concertação social tripartida; depois, a partir de 1992, a *Comissão Permanente de Concertação Social* instituída no seio do *Conselho Económico e Social*. Este teve origem na revisão constitucional de 1989 e substituiu os antigos Conselho Nacional do Plano e Conselho Permanente da Concertação Social.

Em Portugal, portanto, a concertação social patenteia esta fisionomia de ter sido institucionalizada em órgãos próprios.

Terceira característica susceptível de ser identificada: trata-se, em princípio, de uma concertação permanente. Isto é, desde logo, indiciado pelas designações legalmente atribuídas ao primeiro Conselho – a que, significativamente, foi dado o nome de *Conselho **Permanente** da Concertação Social* – e à actual *Comissão* do CES – que a legislação igualmente "baptizou" com o nome de *Comissão **Permanente** de Concertação Social*. Parece indubitável que o legislador português pretendeu conferir ao processo concertativo traços de continuidade, de sequencialidade, de permanência. Não o visionou, portanto, sob uma óptica de conjuntura e de mera pontualidade.

Na prática, isto não ocorreu sempre assim. Houve momentos prolongados de "vazio" nos contactos tripartidos. Por isso, a concertação social nem sempre foi permanentemente prosseguida e menos ainda lograda com êxito.

Em consequência, diria que a experiência portuguesa demonstra que os acordos ou pactos sociais têm sido **intermitentes**. Significa isto que a negociação concertativa, mesmo quando anualmente intentada, nem sempre desemboca em compromissos formais. A prática negocial para a função pública é praticamente anual, mas os acordos sociais tripartidos não o são. O ciclo da concertação social tem altos e baixos, como é natural.

Verifica-se também que os acordos não abrangem, sempre, o universo de todos os parceiros sociais com assento institucional no órgão da concertação social. Eis outra marca da experiência portuguesa.

Com efeito, uma das duas centrais sindicais, a Confederação Geral dos Trabalhadores Portugueses, nunca subscreveu os acordos de concertação com significado mais marcadamente político e de envolvência sócio-económica. Assinou, é certo, em 1991, os pactos complementares do *Acordo Económico e Social* de 1990, os quais incidiram, respectivamente, apenas sobre a política de formação profissional e sobre a política de higiene, segurança e saúde nos locais de trabalho. E assinou também os acordos temáticos sobre, respectivamente, política de emprego, mercado de trabalho, educação e formação; e condições de trabalho, higiene e segurança no trabalho e combate à sinistralidade (Fevereiro de 2001), bem como o acordo sobre a modernização da protecção social (Novembro de 2001).

É verdade, no entanto, que outros parceiros sociais – a Confederação da Indústria Portuguesa (CIP) e a Confederação dos Agricultores de Portugal (CAP) – não outorgaram, também, aquela, o *Acordo de Política de Rendimentos* para 1988, e esta, o *Acordo Económico e Social* de 1990. E também a CIP não assinou o último acordo temático, de 2001.

Em consequência, pode afirmar-se que a concertação social portuguesa não tem a característica de **universalidade** que seria susceptível de alcançar em função do universo dos parceiros sociais representados na instância de concertação. Trata-se, portanto, de uma concertação **tripartida sempre**, mas que **nem sempre** abrange todos os componentes de cada parte social, e que **quase nunca** abrange uma das centrais sindicais, a CGTP.

Enfim, diria que a prática portuguesa de concertação social atesta uma certa, mas significativa, evolução qualitativa: da negociação dos primeiros acordos, que se intitulam de pactos sobre "política de rendimentos", passa-se para a negociação, bem sucedida nuns casos, frustrada noutros, de grandes pactos, cujo conteúdo se situa muito para além da mera fixação de orientações para a política salarial. Isto significa que o progressivo amadurecimento da experiência conduziu as três partes à percepção, e à aceitação, de uma negociação envolvendo a interligação entre a política económica, a financeira, a orçamental e fiscal, a política de salários, de emprego, de condições de trabalho e de formação profissional – em suma, a encetar e a conduzir as negociações, cada vez mais, sob uma visão de conexão entre políticas conjunturais e políticas estruturais, num horizonte de médio e longo prazo. Isto foi particularmente visível com a assinatura do Acordo de Concertação Estratégica 96-99.

Esta orientação afigura-se, hoje, acolhida consensualmente. Porventura poderá dizer-se, então, que os acordos concertativos foram, numa primeira fase, encarados, sobretudo, como operadores de estabilização económico-social, ao passo que, subsequentemente, passam a ser negociados mais numa óptica de instrumentos para mudanças qualitativas no tecido empresarial e no mundo laboral.

II – OS ACORDOS DE CONCERTAÇÃO SOCIAL: DA LUTA DE CLASSES À PRÉ-CONCERTAÇÃO SOCIAL

2. Fechado este breve enquadramento genérico, procurarei, agora, ilustrar os passos fundamentais da trajectória da experiência portuguesa, situando-a no correspondente contexto político, económico e social, já que a concertação tripartida é um fenómeno essencialmente da área política, muito mais do que da área jurídica[1].

Ao contrário do que ocorreu, por exemplo, em Espanha, a concertação social em Portugal não é contemporânea do processo de transição democrática. Teria de passar uma década sobre a queda do regime corporativo para ser aceite a instituição do antigo Conselho Permanente da

---

[1] Vd. do autor "Os acordos de concertação social", in *"A Situação Social em Portugal, 1960-1995"*, org. de António Barreto.

Concertação Social; e só doze anos após a Revolução do 25 de Abril se tornou possível a celebração do primeiro acordo social.

A experiência portuguesa nasce, portanto, muito mais tarde do que em outros países europeus, nomeadamente a Itália e a Espanha. Curiosamente, é num período em que muitos e abalizados analistas advogavam a tese da falência da macroconcertação social que ela vai iniciar-se e desenvolver-se em Portugal.

Importa, então, tentar captar as razões fundamentais por que, durante tanto tempo, não foi possível fazer arrancar com sucesso qualquer negociação tripartida.

Para abreviar razões, começaria por recordar que o País experimentou seis Governos provisórios até às primeiras eleições livres, em 1976; que o texto primitivo da nossa Constituição (1976) forjou-se sob condicionamento político-militar e não de todo livremente; enfim, que a instabilidade política foi dominante mesmo no período constitucional, visto que Portugal viveu a experiência, entre 1976 e 1985, de um total de nove Governos, com uma duração média de doze meses.

O panorama económico caracterizou-se em larga medida pela alternância de ciclos de breve expansão económica e aumento da despesa com ciclos de funda travagem e austeridade ("stop and go"). A conjuntura macro-económica evidenciou-se *"sempre por elevadas taxas de inflação, descidas sistemáticas e substanciais do valor do escudo, endividamento externo elevadíssimo e insegurança no mercado de trabalho"*, como autor reputado escreveu.

Sob este pano de fundo de permanente instabilidade política, de inflação crescente e fortemente corrosiva do poder de compra dos salários, bem como de aumento alarmante do desemprego, compreende-se que não estavam criadas condições mínimas para se suscitar o diálogo social.

A isto acrescia que a CGTP, pelo tipo de sindicalismo perfilhado e praticado, não poderia constituir-se como parceiro sindical empenhado em abrir portas a práticas concertativas. E, ademais, até à criação da UGT, ela perfilava-se como única central sindical, dominante em sectores de actividade tradicionais e também muitíssimo influente nos sectores económicos então nacionalizados.

Nesse contexto, e perante a forte e quase sempre sistemática oposição movida aos Governos pelo PCP, seria inevitável que os partidos mais influentes da esfera governativa (o PS e o PSD) procurassem fazer germinar uma alternativa sindical democrática. É historicamente comprovável que isso foi feito.

3. A fundação da UGT, em finais de 1978, corresponde, assim, a um ponto de viragem no sistema de relações profissionais e vai impulsionar o modelo de concertação social que o País tem experimentado.

Todavia, ela procuraria vingar, nos primeiros tempos, mais ao nível das lutas nas eleições sindicais e no terreno das negociações colectivas do que ao nível da conquista de uma representação institucional macroconcertativa. Além disso, a "cultura" dominante de conflitualidade laboral, devida quer a razões ideológicas e político-partidárias, quer a motivos profissionais radicados na situação de crise económica e social, tornava então o sindicalismo negocial da UGT pouco propenso, no confronto aberto com a CGTP, à "ousadia" de uma estratégia prioritariamente virada para práticas concertativas de topo. E estas, por outro lado, não encontravam também condições mínimas de solidez, quer do lado governamental, quer do lado patronal.

Eis, em síntese, as razões de uma década timbrada pelo confronto social agudo e por um quadro de condições em nada favorecente das práticas concertativas.

4. As eleições legislativas de 1983, por um lado, e a muito grave situação económico-financeira que conduziria à necessidade da adopção do segundo programa de estabilização (1983-1984), como resposta de austeridade às ondas do segundo choque petrolífero (1979-1980), iriam constituir factores determinantes da institucionalização do Conselho Permanente da Concertação Social (CPCS) e dos primeiros passos esboçados no seu seio com vista à inversão do modelo de relacionamento do poder político com os parceiros sociais.

Para se compreender isto, torna-se necessário recordar que das eleições de 83 emergiu um Governo de coligação PS/PSD, dito "Governo do Bloco Central"; que ambos os partidos, na campanha eleitoral, propunham a concertação social; enfim, que o objectivo da criação de um Conselho tripartido constituíra uma exigência da UGT dirigida ao Governo da época.

Não foi sem reticências e alguma desconfiança que o novo Conselho iniciou as suas actividades.

Portugal viu-se obrigado, então, a negociar com o FMI

um programa de estabilização, cujos resultados se revelaram positivos para o restabelecimento do equilíbrio externo, que tinha atingido níveis insustentáveis.

Nessa conjuntura, o Governo conseguia, no seio daquele referido Conselho, receber a compreensão dos parceiros sociais (ressalvada a CGTP, que não ocupara o assento legal a ela reservado) para o seu *Programa de Recuperação Financeira e Económica*. Não se tratou, exactamente, de um acordo social. Mais propriamente, operou-se um assentimento tácito dos parceiros sociais ao conjunto de medidas de política económica e financeira tornadas indispensáveis face à situação com que o País se confrontava.

Uma análise meramente quantitativa da experiência do Conselho Permanente da Concertação Social no período de governação do "Bloco Central" poderá não ser exaltante.

Os parcos resultados concretos obtidos nesses primórdios de vida do Conselho estão muito longe, todavia, de ilustrar o "clima" de nascimento de uma compreensão mútua entre o poder político e alguns parceiros sociais, que se conseguiu fazer irromper após anos e anos de instabilidade, de falta de confiança generalizada, de ausência de empenho concertado para enfrentar as dificuldades e encontrar pistas de solução colectiva.

Do meu ponto de vista, foi esse o enorme mérito das origens da actividade do Conselho Permanente da Concertação Social. Ele abriu portas para um novo ciclo, que as condições políticas e económicas evidenciavam já tornar-se inevitável face à entrada de Portugal na Comunidade Europeia.

III – O INÍCIO DA CONCERTAÇÃO SOCIAL.
O ACORDO PARA 1987

5. O Governo de coligação foi dissolvido em 1985 e na sequência das eleições parlamentares desse ano formou--se um Governo minoritário do PSD.

O Governo manifestou a vontade de impulsionar o diálogo social e intentar negociações com os parceiros sociais. Uma sua preocupação prioritária era o processo de desinflação. A taxa de inflação vinha a revelar sinais de queda, após o "pico" altista de 83-84. Tornava-se necessário quebrar a situação de verdadeiro círculo vicioso inflacionista que Portugal vivia desde há uma década.

Eis por que, aproveitando a influência positiva da baixa de preços internacionais, nomeadamente do preço do petróleo, o Governo procurou reforçar a tendência para a descida da inflação através de um acordo de política de rendimentos e preços.

Alcançou-o, de facto, em 29 de Julho de 1986.

Esta data seria, por esse facto, naturalmente marcante, devido ao sentido de "viragem" radical que assim se operava em relação a todo um longo período antecedente de inexistência de pactos sociais.

Mas, mais marcante ainda ela se revela, se se tiver presente que o Acordo (com aplicação para 1987) é enquadrado por grandes linhas de orientação macroeconómica.

Com efeito, o objectivo da **desaceleração sustentada da inflação** constitui, nitidamente, o pano de fundo da estratégia que o inspira. E a mais importante consequência desta opção concertada vem a traduzir-se numa autêntica "revolução" na metodologia de perspectivar as negociações salariais: é que o Acordo, ao introduzir inovatoriamente o conceito e quantificação da inflação **"esperada" para fins de política de rendimentos** (sic.), fere de morte a "praxis" tradicional das negociações colectivas salariais, até então sistematicamente assentes na recuperação do poder de compra dos salários em função da inflação **"passada"**. Este critério permanecerá, até hoje, como aceitável por todos os parceiros sociais.

6. Se o significado político deste Acordo é incontroverso, bem como a enorme viragem que introduziu na metodologia da fixação dos salários por via da contratação colectiva de trabalho, convém, em benefício do rigor da análise, não exagerar o seu alcance.

Não se tratou de um grande pacto social. Procurou, tão só, representar um acordo envolvente da política salarial, assumida como vector importante para o combate à inflação e para a estabilização económica e financeira.

Nesse sentido, diria que é um acordo de concertação de tipo clássico, similar aos que se poderiam qualificar (não desprimorosamente, como é óbvio) como de "primeira geração" e que, em outros países, noutras épocas, foram celebrados.

Todavia, a situação portuguesa, à data da assinatura deste Acordo, não apresenta já marcas de convulsão: ao contrário, a inflação está a descer rapidamente, a formação bruta de capital fixo aumenta espectacularmente, as exportações trepam, o desemprego dá indícios de retrocesso, os salários em atraso recuam, enfim, a balança de transações

Convergência e Concertação Social

correntes (equilibrada desde 1985) aumenta os seus excedentes.

Consequentemente, entendo que este não é, em rigor, um acordo de concertação para combate à crise. E nisto julgo poder descortinar-se uma outra característica atribuível aos acordos de concertação social em Portugal: nunca foram, verdadeiramente, formalizados em situações de grave crise económico-social, e não revestem, portanto, o sentido de "pactos de salvação nacional".

IV – O ACORDO PARA 1988

7. O segundo acordo vem a ser assinado em Janeiro de 1988, já com a CGTP presente no Conselho Permanente da Concertação Social.

A persistência na política de redução da inflação, pela via da moderação salarial e também devido à descida dos preços do dólar e do petróleo, marca de novo as negociações concertativas. Por isso, o Conselho fixa como credíveis os referenciais de inflação para os quatro trimestres de 1988, na base do critério de que devem ser deslizantes ao longo do ano, em função da inflação esperada para os doze meses seguintes.

Por outro lado, o Acordo acentua outros parâmetros de enquadramento da política económica e social, em jeito de formulação didáctica: a necessidade de correcção estrutural do défice externo, a necessidade de se potenciar o reinvestimento dos lucros nas empresas, a obtenção a prazo de uma situação de quase pleno emprego, a melhoria da distribuição do rendimento. Este enquadramento orientativo explica-se pelo desafio da integração nas Comunidades, que impunha a adopção de medidas de estabilização, com ênfase no controlo orçamental e no combate à inflação, e medidas de incentivo à reestruturação industrial e à valorização dos recursos humanos, nomeadamente pela utilização dos fundos estruturais comunitários de que o País era beneficiário.

Pela primeira vez, visiona-se neste Acordo um compromisso do Governo na área fiscal: ele assume garantir a criação de um quadro fiscal moderado e estável para o capital de risco e para os rendimentos do trabalho, que não penalize a poupança e o investimento produtivo. Desponta aqui, mais nitidamente, o intercâmbio político.

8. Embora mais aperfeiçoado do que o anterior na explanação das linhas gerais da política económica e social, em que despontam já indicações programáticas para o **médio prazo**, o Acordo de 1988 é, essencialmente, um pacto de política de rendimentos e preços.

Ele não teve, porém, vida longa: seria denunciado pela UGT, face à comprovação de que não estavam a ser alcançados os referenciais de inflação[2]. Tratou-se do único acordo de concertação social que foi objecto de denúncia.

---

[2] A inflação situou-se em 9,7%, quando a meta prevista no Acordo tinha sido fixada entre 5,5% a 6,5% (média anual). Contudo, o aumento das remunerações nominais foi de 11,7% e as remunerações reais acusaram uma subida de cerca de 1%.

V – OS ACORDOS FALHADOS PARA 1989 E 1990

9. No rescaldo dessa ocorrência, da greve geral de 1988 e da aproximação táctica entre as duas centrais sindicais, o Governo abriria em 1989 um processo de negociações diferente do ponto de vista metodológico. Tratou-se de uma inovação que veio a revelar-se negativa e que não se repetiu.

Com efeito, privilegiando contactos exclusivamente bilaterais com a UGT, estabeleceria com esta uma base consensual para um novo Acordo: fixação de aumentos para as tabelas salariais (entre 8% e 9,5%), compromisso de redução legal da duração do trabalho de 48 horas para 44 horas, favorecimento da retenção das quotas sindicais na fonte.

A metodologia negocial revelou-se contraproducente. Com efeito, tendo assim alcançado um ajuste de princípio com a UGT, o Governo apresentá-lo-ia, depois, à CGTP e aos parceiros patronais como se fosse uma proposta "pronto a vestir". Mas era pressentível que estes se sentiriam "agastados" com o entendimento prévio entre o Governo e a UGT em matérias que tão incisivamente também lhes diziam respeito.

Frustrava-se, deste modo, a possibilidade de um acordo para 1989, pela orientação errada imprimida às negociações.

10. Alguns falaram então de crise **da** concertação social, enquanto outros, mais prudentes, analisavam a situação sob o prisma de uma crise **na** concertação social. Tinham razão estes últimos.

Com efeito, e pela primeira vez, as duas centrais sindicais, reunidas no Conselho, elaboraram um documento conjunto de propostas a negociar com as confederações patronais. Estas aceitavam sentar-se à mesa das negociações, que decorreram em sucessivas reuniões, sempre na ausência do Governo. Não estava este, porém, desatento, visto que era sabido constituir disposição do lado patronal a concessão de fortes aumentos salariais, caso obtivesse, em troca, a aquiescência sindical para uma profunda revisão da legislação laboral, considerada necessária para a reorganização empresarial imposta pela concorrência acrescida no mercado europeu. Ora, tais aumentos contrariavam a linha político-económica do governo, apostada na diminuição da inflação.

As negociações seriam encerradas sem acordo. Tornava-se evidente que, sem a presença do Governo, não poderiam ser garantidas alterações na legislação laboral e que ele não aceitaria para a função pública aumentos salariais incompatíveis com a política de estabilização orçamental e com o objectivo do controle da inflação, que entretanto subira.

O que parece importante destacar, numa análise destes dois processos falhados, é que representaram, ambos, uma estratégia negocial de todo diferente das anteriores e marcaram uma fase intermédia entre o período antecedente e o que viria a desembocar no pacto social de 1990 (AES), um dos mais significativos alcançados na década de 86-96.

VI – O ACORDO ECONÓMICO E SOCIAL

11. O *Acordo Económico e Social*, assinado em 19 de Outubro de 1990[3], pode justamente considerar-se como um marco histórico na experiência portuguesa.

De todos os pactos negociados, ou intentados, mas não consumados, terão sido este *Acordo Económico e Social* e o falhado *Acordo Económico e Social para o Desenvolvimento e Emprego* (AESDE) a médio prazo, de que falarei adiante, os que mais espectacularmente evidenciaram um enquadramento racionalizante e um ensaio globalmente bem conseguido de articulação e de entrosamento equilibrados de decisões sócio-económicas. O *Acordo de Concertação Estratégica* 96-99 evidenciaria a mesma concepção negocial.

12. Sublinharia, em primeiro lugar, que o *Acordo Económico e Social* foi concluído através de negociações em que todos os parceiros sociais e o Governo procederam a uma discussão ampla sobre a envolvente externa e os impactos na economia portuguesa provocados pela abertura e globalização dos mercados e, ainda, pela situação de instabilidade dos preços da energia, causada pela chamada "guerra do Golfo".

Foram igualmente avaliados os imperativos e os impactos da participação plena do País na UEM, considerando-se a exigência de um esforço de convergência com as demais economias comunitárias. Consensuali-

---

[3] Não subscrito, porém, pela CGTP e pela CAP.

zou-se, por conseguinte, que essa convergência requereria políticas de rigor nas áreas orçamental, monetária, financeira, fiscal e cambial, sem pôr em causa a função social do Estado e sem entravar o esforço de investimento modernizador.

13. Nesse enquadramento, é reafirmada a linha política de aproximação da taxa de inflação ao nível médio da inflação europeia, o que constitui novidade como chamada de atenção. O Acordo Económico e Social encorpora, assim, a fixação, como meta governamental para a inflação média anual, do valor de 11% (IPC sem habitação) e recomenda que o crescimento médio da tabela de salários da contratação colectiva se situe, no 1º trimestre de 1991, em 13,5%[4]. Afirma-se, por outro lado, que a política de rendimentos para 1991 engloba como objectivo um crescimento efectivo dos salários reais em termos de aproximação às médias salariais dos países comunitários, sem se pôr em causa, porém, a descida sustentada da inflação e o crescimento da economia e do emprego.

Na área fiscal, e numa linha de consolidação orçamental, o Governo compromete-se:

– a assegurar uma rigorosa gestão dos benefícios e incentivos fiscais e um combate eficaz à fraude e evasão fiscal;
– a accionar mecanismos conducentes à justa reavaliação dos activos das empresas para efeitos fiscais.

---

[4] Previa-se que os referenciais para os trimestres seguintes fossem fixados pelo CPCS. Este acabou por estabelecer o valor de 12,5%, aplicável ao segundo quadrimestre do ano.

Por outro lado, à moderação salarial, fiscal e orçamental junta-se o compromisso das confederações patronais de acompanhar o andamento dos preços dos principais bens e serviços, mediante diligências (não especificadas, todavia) que evitem comportamentos inflacionários e acções de sensibilização das empresas (também não especificadas) para que reforcem o reinvestimento dos lucros.

Pela primeira vez, o próprio texto do Acordo determina os valores do salário mínimo nacional e das pensões e prestações sociais, reafirmando-se a obrigação governamental de redução da carga fiscal sobre as pensões e os rendimentos salariais, na sequência de propostas apresentadas dias antes à Assembleia da República. Despontava a legislação negociada.

14. Enfim, o Acordo Económico e Social enquadra e desenvolve, em dezasseis anexos, um vasto e muitíssimo importante conjunto de medidas de adaptação laboral e social: redução da duração semanal do trabalho de 48 horas para 44 horas; regime jurídico da pré-reforma; protecção social nos casos de reestruturação de sectores; lay-off; trabalho de menores e trabalho no domicílio; férias e licenças sem vencimento para formação; cessação do contrato de trabalho por inadaptação; redução e adaptação do tempo de trabalho, para citar apenas algumas matérias acordadas.

Essas medidas vieram a ser vertidas em vários diplomas legislativos, discutidos no Conselho quase, dir-se-ía, vírgula a vírgula... Algumas, previstas para uma negociação complementar, vieram a ser concretizadas no ano seguinte, através, respectivamente, dos Acordos sobre *Segurança,*

Higiene e Saúde no Trabalho e Política de Formação Profissional.

VII – O ACORDO DE CONCERTAÇÃO SOCIAL PARA 1992

15. O Acordo de Política de Rendimentos para 1992, subscrito em 15 de Fevereiro desse ano[5], orienta-se, no que respeita à matéria salarial, pelos objectivos e metodologia adoptados no *Acordo Económico e Social*. Com alguma particularidade, enfatiza-se, porém, a questão da produtividade diferencial entre a economia portuguesa e a produtividade média dos países comunitários para efeitos de enquadramento da medição dos ganhos da produtividade que devem ser repercutidos nos aumentos salariais da contratação colectiva. Este princípio, aliado ao princípio da comparabilidade da média dos aumentos salariais com a média dos aumentos observáveis nos países europeus que são principais concorrentes de Portugal, passa a constituir um elemento de referência dominante nas negociações dos anos seguintes, não obstante as reservas e contestações que suscitam à parte sindical.

O Acordo de 1992 não se circunscreve, porém, à política de rendimentos. Envolve também medidas nas áreas da política fiscal, de emprego e formação profissional, na decorrência da tendência aberta em 1990 para alargar o campo e as margens de intermediação das negociações concertativas.

---

[5] Com excepção da CGTP.

Deste modo, embora sem assumir a dimensão e relevância do *Acordo Económico e Social*, o *Acordo* de 1992 não deve ser considerado como um mero pacto tripartido de política salarial e não tem lugar, também, sob conjuntura de crise económica, cujos efeitos só viriam a sentir-se mais tarde.

VII – OS INSUCESSOS POSTERIORES DA CONCERTAÇÃO SOCIAL

16. As negociações para um acordo aplicável em 1993 fixaram-se praticamente na política de rendimentos. Toda a discussão foi dominantemente influenciada pelos objectivos, considerados prioritários, de desinflação e de redução do défice orçamental, na altura muito acentuados pelos compromissos decorrentes dos critérios de Maastricht quanto às condições a respeitar para a UEM. A questão da convergência da economia portuguesa com a dos restantes países europeus impunha-se a olhos vistos.

O clima de depressão económica que já se fazia sentir não favoreceu o encontro de plataformas mínimas de entendimento. Constatou-se, posteriormente, que o ano de 1993 registara índices de aumento do desemprego – cuja taxa passara de 4,1% para 5,5% e uma queda acentuada na taxa de crescimento do PIB – que baixou de 1% em 1992 para – 1,3% em 1993. Portugal tinha entrado numa fase de recessão, na sequência do que já ocorrera em outras economias do espaço europeu.

Por isso, o Governo, insistindo na moderação salarial e na preservação do nível de emprego sem outras contrapartidas a que os parceiros sociais pudessem também conceder, não encontrou espaço suficiente de contratualização. A ruptura era inevitável, mas fez-se sem perturbações políticas. Porém, as negociações colectivas de trabalho ressentiram-se nitidamente, com a queda brusca do número de convenções colectivas negociadas e diminuição do número de trabalhadores por elas abrangidos. A falha do acordo dava voz ao livre mercado.

17. A subida entretanto verificada na taxa de desemprego conduziu o Governo a propor aos parceiros sociais um acordo de concertação social para 1994, fundamentalmente orientado para a promoção do emprego. Esta negociação tem, portanto, como característica diferenciadora das anteriores a apresentação de um vasto e articulado conjunto de medidas activas de emprego, a que deveria subordinar-se o objectivo de uma contenção salarial, solicitada pelo Governo.

Não obstante o enorme e de certo modo inovatório alcance das propostas governamentais – consideradas pelo lado sindical como globalmente positivas, mas claramente insuficientes para o que, do seu ponto de vista, deveria ser uma necessária política coerente de ataque aos factores estruturais e conjunturais do desemprego –, o acordo frustrou-se.

Isso deveu-se, em meu entender, à convicção, que se criou à partida, quer do lado sindical, quer do lado patronal, de que as medidas governamentais de combate ao desemprego não deixariam, mesmo sem o acordo explícito e formal dos parceiros sociais, de ser levadas à prática, como, de facto, o foram.

A situação económica permanecia sem sinais de clara retoma. Os parceiros sociais, acostumados a acordos de concertação social em clima que não os colocava como co-responsáveis pela ultrapassagem de graves crises, não quiseram, manifestamente, sentir-se associados ou, pelo menos, acomodados a um quadro macro-económico e social a respeito do qual manifestavam sérias reservas.

A margem de negociação era muito reduzida para o Governo, confrontado, na altura, com uma situação económica quase estagnada. Não existiam, de facto, condições políticas e económicas propiciadoras de um entendimento com os parceiros sociais. Os anos de 1993 e 1994 são, assim, de anomia na concertação social.

18. A dimensão estratégica e a extensão de matérias colocadas à intermediação concertativa atingem, provavelmente, o seu ponto mais alto de sempre em meados de 1994, quando o Primeiro Ministro solicita a disponibilidade dos parceiros sociais para a negociação de um *Acordo Económico para o Desenvolvimento e Emprego* (AESDE) com um horizonte de médio prazo.

A novidade da proposta governamental começa por se reflectir nesta "ousadia" de lançar um pacto social cuja duração se pretende orientar para o período 95-99. Na óptica governamental, colhe coerência esta proposta, visto que entre várias das matérias sugeridas como temas de negociação incluem-se diversos programas cujas medidas e acções se enquadram e devem ser executadas no âmbito do PDR e do 2° QCA, ou seja, até 1999. Mas ocorre também nesta proposta governamental uma estratégia política que não passa despercebida, visto que no ano seguinte haverá lugar a eleições.

Os parceiros sociais parecem acolher bem esta dimensão temporal atribuída à proposta de acordo. Mais tarde, porém, seria perceptível que, pelo menos alguns, não estariam predispostos a assumir compromissos que considerariam extravasar o âmbito da legislatura em curso e não desejariam assumir-se como uma espécie de avalistas políticos de um Governo cujo mandato cessaria em Outubro de 1995.

O conteúdo admitido na proposta governamental é, como referi, muito amplo e denota um grau elevado de acessibilidade às políticas governamentais pelos parceiros sociais.

Observa-se, também, um esquema organizativo e de preparação de documentos porventura nunca atingido em processos anteriores: gradualmente, com o evoluir do processo, todas as partes vão lançando para a mesa negocial propostas cada vez mais fundamentadas e especificadas no tocante aos pontos em discussão.

As conversações desenrolam-se, portanto, sob uma matriz que atesta um já muito elevado índice de maturação, quer do ponto de vista da táctica negocial, quer na perspectiva do "desfolhar" de propostas e contrapropostas. Avança-se substancialmente em diversos domínios temáticos – com excepção da política de rendimentos e preços, que as três partes aceitam deixar para o que ficou apelidado de "25ª hora da concertação".

19. Pois bem: exactamente no dia e hora em que a opinião pública, praticamente todos os órgãos de comunicação social davam como inevitável que iria firmar-se em Portugal o maior e mais expressivo pacto social de sempre, este desfez-se.

O acordo falhou, fundamentalmente, no ponto de consenso a obter na última matéria sob negociação: a política de rendimentos. A posição da UGT, tornada pública, era clara: exigência de 5% de aumentos salariais, todavia sem neles incluir, nunca, ganhos salariais susceptíveis de ser alcançados por via de deduções ou abatimentos no IRS, como pretendia o governo.

Do lado patronal, por seu turno, sem nunca se ter admitido explicitamente a concessão de um aumento de 5%, não vinham sinais de que esse patamar fosse barreira, desde que obtidas do Governo e das confederações sindicais (pelo menos, da UGT) algumas contrapartidas, praticamente já ajustadas no decurso das negociações.

O Governo recusou-se, porém, a subscrever um aumento das tabelas salariais superior a 4%, conquanto aceitasse proceder a reajustamentos nos escalões do imposto sobre os rendimentos individuais e a um ligeiro desagravamento nas contribuições dos trabalhadores para a segurança social. Assim se atingiria o que considerava, na sua perspectiva, um aumento global para os salários muito próximo dos 5% exigidos pela UGT, e até superior a esta percentagem se fosse tomada em consideração a massa salarial no seu todo, e não apenas as tabelas salariais.

A radicalização de última hora nas posições das partes não deverá ser interpretada, porém, como fruto exclusivo de uma divergência quanto ao objectivo e aos critérios de obtenção do valor de 5% para os aumentos salariais.

Parece lícito suspeitar-se que a ocorrência de interferências de natureza político-partidária – tais como declarações públicas de líderes da oposição em defesa de um aumento salarial de, pelo menos, 6% – vieram afectar negativamente o clima das negociações. Paralelamente, certos órgãos de comunicação social desencadeavam, à beira do fecho das conversações, uma campanha acérrima de suspeições, em que se pretendia envolver o Governo e a UGT em eventuais conluios fraudulentos na concessão àquela central sindical de verbas provenientes do FSE. Tudo isto, em suma, não deixou de repercutir-se negativamente na "25ª hora" da concertação social desse ano.

Perdia-se, assim, aquele que, sem dúvida, poderia ter sido o mais significante de todos os acordos de concertação social. É provável que para esse desfecho negativo tenha contribuído, também, o ciclo de pré-campanha eleitoral que já se abrira e o desgaste político a que o Governo vinha sendo sujeito.

VIII – O RECENTE ACORDO DE CONCERTAÇÃO

20. As eleições de Outubro do ano passado trouxeram ao poder, como se sabe, o PS, vencedor com uma votação próxima da maioria absoluta.

Beneficiando de um clima político de generalizado acolhimento e de um manifesto crédito de confiança, o Primeiro Ministro, aprovado o Programa do Governo pelo Parlamento, formulou um convite aos parceiros sociais com vista à negociação de um acordo de concertação de curto prazo, apelando a subsequentes negociações para um acordo de concertação estratégica de médio prazo, cujo horizonte seria a duração da legislatura, que é de quatro anos. Esta proposta foi aceite.

Neste novo ciclo político, observa-se, portanto, uma primeira diferença em relação ao passado: as três partes são unânimes em negociar um acordo de curto prazo, mas sob o pressuposto prévio de que se tornaria necessário negociar, de seguida, políticas e medidas estruturais de médio prazo, com repercussões duradouras na competitividade das empresas, no nível de emprego e nas condições de vida dos trabalhadores.

Importa, todavia, ter em atenção que esta mudança na metodologia e no calendário negocial tem uma razão de ser concreta: a necessidade de apresentação do Orçamento do Estado no Parlamento impelia a procurar-se com brevidade um acordo de curto prazo que integrasse alguns compromissos, nomeadamente na área fiscal, a transpor para a proposta orçamental. Impunha-se, portanto, separar a negociação de matérias com incidência orçamental de outras cuja discussão exigiria, decerto, uma negociação mais demorada no tempo.

O processo de Janeiro deste ano despoletou, ainda, uma outra muito importante alteração metodológica: Governo e parceiros sociais aceitam as negociações em dois "tabuleiros", um envolvendo somente a função pública (sendo, aí, partes, apenas o Governo e as principais organizações sindicais da função pública), o outro abrangendo a concertação social tripartida, com exclusão da área da Administração Pública central, regional e local.

Esta desenrolou-se no seio da instância própria. Ao invés, as negociações para a função pública tiveram lugar fora do órgão da concertação social. Uma e outra, porém, não deixaram de estar conexionadas na sua temporalidade e nos eixos fulcrais das estratégias concertativas.

Houve sucesso em ambas as negociações. Pela primeira vez, os sindicatos filiados na CGTP vieram ratificar o Acordo para a Administração Pública. Todavia, a CGTP, ela própria, recusar-se-ia a subscrever o acordo de concertação social de curto prazo.

A "dualização" dos processos negociais comportou uma consequência de grande alcance: enquanto o acordo de concertação social fixaria como referencial médio para os aumentos salariais o valor de 4,5%, o acordo para a função pública situá-lo-ia um pouco abaixo, isto é, em 4,25%.

Isto representou uma alteração de fundo, porque sempre as duas centrais sindicais tinham exigido, e conseguido, que as negociações da concertação social envolvessem a discussão e a definição consensualizada de referenciais salariais aplicáveis a todos os trabalhadores, sem excepção.

21. Foi, assim, aberto um precedente, e não está claro se ele será ou não, no futuro, um bom precedente, do ponto de vista sindical, visto que a taxa de aumento salarial na função pública é, em regra, de montante inferior à praticada no sector empresarial público e privado.

Este acordo de concertação ilustra, tal como o *Acordo Económico e Social* de 1990, o "jogo" de cedências e aquisições que se interconexionam nas áreas da política de

Convergência e Concertação Social

rendimentos, da política fiscal, da política de segurança social e das políticas de trabalho e emprego.

Os compromissos da política económica, a que os parceiros sociais se associam, reportam-se à prossecução do esforço de desinflação, à manutenção de uma política de estabilidade cambial, à adopção de políticas de promoção da competitividade das empresas, à redução do défice orçamental, à redução das taxas de juro e à aproximação gradual do salário médio português ao salário médio da União Europeia.

Estes objectivos não se me afiguram diferir daqueles que enquadraram as negociações concertativas de anos anteriores. Muitos deles, senão todos e, até, mais pormenorizados, estão explicitados no *Acordo Económico e Social* de 1990 e no *Acordo* de 1992.

Poderá estranhar-se, então, as razões por que o anterior Governo não logrou, após 1992, um desfecho positivo para as tentativas concertativas e que ao invés, o actual Governo o tenha conseguido logo em início de mandato.

É sempre muito aleatório encontrar razões indubitáveis para identificar situações em que se cruzam factores de diferente natureza e onde perpassem interesses que convergem ou divergem em função do balanço de ganhos e perdas que cada parte formula, no preciso contexto político e económico-social sob que têm lugar as negociações.

Poderá avançar-se como explicação que a economia portuguesa ultrapassou a fase mais recessiva que a atingiu nos últimos anos. Todavia, a retoma tem sido lenta, com o desemprego a manter-se nos mais altos níveis da década e com a procura interna a revelar-se persistentemente anémica.

Sob este pano de fundo, para além do clima geral de confiança que rodeia a actuação inicial do Governo, e independentemente, também, de uma atitude das confederações patronais e da UGT claramente menos hostil em relação ao novo poder político, talvez seja lícito afirmar que o acordo se tornou possível porque consagrou certas vantagens para a UGT e para as confederações patronais, por ambas as partes tidas como significativas. Creio que a leitura do texto do acordo permite identificar com facilidade as matérias em que, no balanço das concessões recíprocas, os parceiros sociais convergiram no interesse da sua assinatura: política de emprego, redução e adaptabilidade do tempo de trabalho, polivalência funcional, política fiscal.

Não entrarei, agora, em detalhes sobre o conteúdo do acordo. Foi acolhido positivamente, sem embargo de enorme contestação da CGTP[6]. É quase seguro que permitirá algum aumento dos salários reais. Todavia, o crescimento do PIB não está a confirmar-se e o desemprego trepou, embora ligeiramente. Não é certo, portanto, que a economia se expanda ao ritmo previsto e que o desemprego baixe a curto prazo.

Todavia, em contrapartida, o ritmo de desaceleração da inflação tem sido mais acentuado do que o previsto no Acordo. Isto permitiu ao grupo de acompanhamento do Acordo estabelecer, em 23 deste mês, como referenciais salariais para as negociações colectivas posteriores, o valor de 4,2%.

---

[6] No referente à chamada Lei das 40 Horas, produto do acordo tripartido.

Convergência e Concertação Social 101

Declaradamente, é um acordo de passagem para um anunciado acordo estratégico de médio prazo, o que, a conseguir-se, representará a inovação da transmudação potencial de uma concertação social de horizonte temporal limitado para uma concertação de sentido mais estratégico, nitidamente virada para as questões da convergência e da União Económica e Monetária[7].

IX – QUE BALANÇO?

22. É tempo de finalizar. Será possível, então, esboçar um juízo global sobre o valor da experiência concertativa portuguesa?

Constatam-se divergências de apreciação a este propósito. Para o comprovar, chamarei à colação dois nomes de reputados economistas portugueses: o Prof. Silva Lopes, antigo Ministro das Finanças e actual Presidente do Conselho Económico e Social, e o Prof. Cavaco Silva, anterior Primeiro Ministro e também Ministro das Finanças em 1980.

O primeiro, escrevendo sobre a concertação social[8], parece céptico. Com efeito, acentuou o seguinte: "...*a real*

---

[7] Para uma análise dos acordos de concertação social posteriores, vd. Marinús Pires de Lima, "Reflexões sobre a negociação colectiva e a concertação social em Portugal", in *A Reforma do Pacto Social*, INCM, Setembro de 2000.

[8] "A Economia Portuguesa desde 1960", in *A Situação Social em Portugal, 1960-1995,* Instituto de Ciências Sociais da Universidade de Lisboa, Abril de 1996, pág. 349.

influência que as metas salariais estabelecidas (nos acordos) terão tido sobre a evolução efectiva das remunerações de trabalho é passível de fortes dúvidas: em anos de pleno emprego os salários tenderam a ultrapassar as metas; e em anos de elevado desemprego a moderação salarial foi conseguida mesmo sem acordos de concertação".

Diferente é o juízo emitido pelo anterior Primeiro Ministro. Na conferência que proferiu na Real Academia de Ciências Morais e Políticas de Espanha, em Janeiro de 1994, afirmou o seguinte:" *A concertação social, em si, não constitui um instrumento directo de influência sobre a situação económica, nem contribui directamente para a estabilidade da conjuntura. No entanto, o seu efeito é extenso e profundo. Enquanto sede privilegiada de debate e informação, ela concita o conhecimento e o apoio dos agentes económicos para a política conjuntural. Como fórum de negociação, integra directamente nas decisões dos agentes preciosos elementos de orientação macroeconómica, facilitando a compatibilização dos seus planos. Por ambas as razões, a concertação social permite um efeito mais rápido e eficaz da combinação particular de instrumentos de estabilização sobre o tecido económico. A conciliação dos objectivos de crescimento do emprego e do produto com a estabilidade monetária torna-se, deste modo, mais fácil[9]».*

A minha apreciação está muito próxima da de Cavaco Silva. Sem sacralizar a concertação social, entendo que ela é, antes do mais, um método ímpar de aprofundamento

---

[9] "Políticas de Estabilização num quadro de integração: a experiência portuguesa", in *Manter o Rumo*, INCM, 1995, pág. 271.

democrático, pela participação dos parceiros sociais na esfera estatal da política económico-social e pela ilustração do dever de diálogo a que os Governos não se devem furtar. Isto, todavia, no pressuposto inafastável de lealdade e boa fé por parte de todos os intervenientes na negociação tripartida.

Mesmo quando as negociações falecem, é possível retirar delas potencialidades não despiciendas: cada parte terá entendido melhor, ainda que não aceitando, as razões das outras partes; o contacto directo e pessoal entre os membros do Governo e os mais altos dirigentes das confederações abre a porta a uma cordialidade humana, ou, pelo menos, a uma convivialidade civilizada que fomenta laços de respeito, perduráveis por sobre as divergências e os choques de opinião e de interesses. Por isso, é importante que os relacionamentos pessoais não se rompam, nem se transformem, eles próprios, em factores de bloqueio da concertação social. Porque os bloqueios sociais pagam-se caro.

O acordo ao mais alto nível, até pela mediatização de que é objecto, também sensibiliza e predispõe a opinião pública para um clima de distensão social e de maior confiança na governabilidade do País, mesmo se uma parte social importante não subscrever os acordos.

Admito, é certo, que não é a moderação salarial, ajustada na concertação social, o factor decisivo para a quebra da taxa de inflação. Seguramente, porém, que contribui para este objectivo, num panorama macro-económico em que os preços determinantes também baixem. A moderação salarial não traduzirá, então, qualquer perda do poder real de compra dos salários. Além disso, os referenciais acordados para as negociações colectivas – que não são senão isso mesmo, ou seja, referenciais e, não, valores imperativos – desencadeiam um efeito positivo no balizamento das decisões salariais da contratação colectiva de trabalho. A política salarial negociada em sede de macroconcertação constitui uma «bússola» que clarifica, em muitos casos, cenários de incerteza e evita contingências de prolongado confronto nas negociações colectivas de empresa ou de sector de actividade. E este não é um efeito sem importância, conhecendo-se a agonia em que se movimenta a contratação colectiva de trabalho no nosso País.

Não se pode ignorar, igualmente, que a questão da flexibilização da legislação laboral tem constituído, de há muitos anos, um pomo de discórdia acentuada. Pois bem: comprovou-se que muitas das alterações aos normativos laborais vigentes foram alcançadas por via das negociações tripartidas. Pode afirmar-se, assim, que as novas leis laborais têm sido, na sua maioria, fruto da concertação social. Este efeito merece ser devidamente evidenciado, já pelo sentido que encerra – o de uma legislação previamente discutida e combinada com os parceiros sociais –, já pelos resultados de reordenamento parcelar do corpo legislativo laboral que suscitou, de um modo relativamente pacífico.

Concluirei, pois, afirmando a minha convicção na relevância das práticas concertativas em Portugal, porque as concebo como um processo de expressão participativa dos parceiros sociais em políticas estatais determinantes para o futuro das empresas, dos trabalhadores e da sociedade em geral.

Convergência e Concertação Social 105

Recuso-me, naturalmente, a fazer futurologia, mas não a ser um homem sem fé. Eis por que acredito que a experiência portuguesa da concertação social tem condições, se não sobrevierem imprevistos na estabilidade governativa e roturas na normalidade económica, financeira e orçamental, de prosseguir com sucesso. Um sucesso não sacralizável, decerto, mas também não menosprezável.

A EUROPA SOCIAL [*]

1. É pacificamente reconhecido que a modernização das economias europeias não passa apenas pela renovação das fábricas, pela aquisição de sofisticados equipamentos, pela introdução de novas tecnologias, pela captação de novos mercados, pela melhoria da qualidade dos produtos ou dos serviços, pela eficiência da Administração Pública ou pela eliminação das constrições de variada natureza a que, pesada e inutilmente, muitas vezes estão sujeitas as empresas. E não basta também, por importante que seja (e, sem dúvida, é), proporcionar-lhes um enquadramento macro-económico e um clima social fundado em políticas sustentadas, geradoras de confiança e propulsoras de estratégias empresariais de médio e longo prazo, que não tenham de esbarrar em "ziguezagues" de eventuais políticas públicas ciclicamente contraditórias.

Se tudo isto é, de facto, muito importante no domínio da competitividade das empresas e na gestação de níveis acrescidos de produtividade – portanto, importante para o aumento da riqueza dos países – não restam dúvidas,

---

[*] *Texto da Conferência proferida no XXVII Encontro Nacional da APG, 1994.*

porém, de que, no actual contexto de economia global e face ao desafio permanente de melhoria da competitividade, **o factor mais determinante de afirmação e de combatividade de cada país no concerto internacional repousa na qualidade dos seus recursos humanos.**

Trata-se de uma afirmação consabida. Sendo aquele, então, o maior desafio que se nos vai colocar na viragem do século, não poderemos esquecer, em consequência, que no quadro dos actuais doze países da União Europeia, e também dos dezasseis que se espera venham, muito em breve, integrá-la, a nossa população (cujo crescimento, aliás, se antevê muito pouco significativo no horizonte das projecções demográficas disponíveis) **continuará a ser a sétima no âmbito da União já alargada, mas em que 65% dos portugueses com mais de 15 anos possui, somente, uma escolaridade de seis anos ou inferior.** Por outro lado, se encararmos apenas o universo mais restrito dos trabalhadores por conta de outrém, verificamos que cerca de 71% possuem, tão só, o ensino básico ou habilitações inferiores, 10,6% o curso geral dos Liceus, 8,3% o curso complementar dos Liceus, 1% o bacharelato e 3,1% licenciaturas, distribuindo-se os restantes 6,3% por habilitações de ensino técnico, profissionalizante ou de outras naturezas[1].

Se quisermos encarar, ainda noutra perspectiva, a distribuição dos trabalhadores por conta de outrém, no Continente, segundo a dimensão das empresas, constatamos que

---

[1] Fonte: Quadros de Pessoal/93-MESS/DE, dados reportados a Março de 1993.

apenas cerca de um terço trabalha em unidades empresariais com uma dimensão de quadro de pessoal igual ou superior a 200 trabalhadores.

Estes indicadores falam por si. **E falam de forma dramática**, evidenciando o muito baixo grau de habilitações da nossa mão-de-obra assalariada. E, ademais, enquadrando-se cerca de dois terços em empresas com dimensão exígua à escala europeia e internacional, e sabido, como é, serem mais frágeis as potencialidades de formação profissional nas PME's, seria criminoso – perdoe-se-me a crueza da expressão – não encarar o ensino e a formação técnico-profissional, melhor dito, **a educação e a sua qualidade**, como o maior desafio para o futuro do nosso País.

Isto revela uma coisa: se é verdade que para todas as sociedades europeias o repto da competitividade e um dos caminhos nucleares para uma integração sócio-económica dos excluídos passam, forçosamente, pelo desenvolvimento intelectual e cultural e pela formação dos recursos humanos nacionais, por maioria de razão assim o terá de ser em Portugal, visto que sofremos neste campo de carências muito mais profundas.

Esta necessidade imperiosa de qualificação dos nossos recursos humanos atinge todos os sectores profissionais e implica com todas as áreas de conhecimento. Não pode deixar, por isso, de alcançar também os gestores e técnicos de recursos humanos. No futuro, nas empresas, nas organizações não lucrativas, na Administração Pública, ou onde quer que exerçam essa espinhosa mas exaltante missão de ter de dirigir homens e mulheres mais qualificados, por isso mesmo naturalmente mais exigentes, eles vão ter de defrontar-se com uma responsabilidade acrescida e qualitativamente diferente. E por isso a gestão dos recursos humanos terá de ser também, ela própria, mais qualificada e abrangentemente mais ajustável, porque os tempos serão outros e os homens assumirão comportamentos e respostas diversificados na vida profissional e na sociedade.

Aceito que esta visão previsional seja simplista, mas parece-me, em todo caso, plena de razoabilidade. Julgo irrecusável a percepção de que o ajustamento estrutural da nossa economia e o reforço do nosso tecido produtivo irão desencadear (como tem ocorrido e se estima continuará a suceder nas economias europeias) consequências diferenciadas no plano do perfil dos empregos e das correspondentes qualificações, bem como nas estruturas ocupacionais. Recordarei, sinteticamente, que os processos de adaptação industrial ou de reconversão económica exigirão acções de reciclagem profissional, nuns casos; de formação contínua ao longo da vida de trabalho, na generalidade das situações; de acolhimento de uma mão-de-obra jovem, profissionalmente melhor preparada e com novos valores e outra "cultura de trabalho", ainda noutros casos; enfim, soluções de reorientação profissional e de reinserção social justas e exequíveis para os que tenham de perder os seus postos de trabalho, mas não podem ser abandonados tal "fardos obsoletos" num mercado em que os empregos se tornam inacessíveis, ou pelo menos muito difíceis, para os "velhos" de 45 ou 50 anos destituídos de bagagem profissional *up to date,* mas, em contrapartida, possuidores dessa riqueza incalculável que é a sabedoria de vida, do relacionamento humano e da cultura da dedicação ao trabalho.

A gestão dos recursos humanos será, assim, no futuro, técnica e socialmente mais exigente, necessariamente mais ágil na previsão e na prevenção, humanamente mais complexa, visto que também por ela passa a luta contra a exclusão social de que o desemprego constitui uma das causas fundamentais.

2. O tema desta abordagem é a Europa Social. Todos sabem que a Comissão Europeia lançou para debate o *Livro Verde sobre a Política Social Europeia – Opções para a União*. Esse debate processou-se ao longo do 1° trimestre deste ano e, entre nós, o Conselho Económico e Social tomou a iniciativa de o dinamizar e protagonizar, sem nunca ter pretendido, como é evidente, hegemonizá-lo.

É provável e natural que eu esteja influenciado pelas propostas que do *Livro Verde* se transmudaram e transitaram já para *o Livro Branco da Política Social Europeia,* aprovado pela Comissão em Julho, na sequência dos debates efectuados nos Estados-membros e em instâncias comunitárias, nomeadamente no Comité Económico e Social, no Parlamento Europeu e no Colóquio Europeu efectuado em Bruxelas em Maio último. Mas não abdicarei, naturalmente, de ensaiar alguns ângulos de visão pessoal acerca da Europa Social.

3. Questão preliminar suscitável poderia ser a de se saber se pode falar-se de uma Europa Social ou de doze Europas Sociais. Não quereria perder tempo excessivo com esta questão, por se me afigurar de pendor predominantemente académico, mas impõe-se dizer algo a este respeito para clarificação do sentido geral do conteúdo das afirmações subsequentes.

É evidente que se pode falar de doze Europas Sociais, se se tiver presente as diferenças, por vezes muito profundas, que existem nos sistemas de relações profissionais, tão marcados eles são pelas tradições, pelos valores e pelas evoluções políticas, económicas e sociais de cada país. Ou se se tiver presente que, em alguns países da União, existe um salário mínimo legal e noutros não, quer por razões de tipo institucional, quer por considerações de fundamento económico. Ou, ainda, se se recordar que as condições de trabalho são fundamentalmente fixadas por via convencional, em certos Estados, ao passo que, noutros, a influência da legislação tem um papel e um peso significativos. Enfim, as concepções sobre um rendimento mínimo de carácter universalista e duração ilimitada não são partilháveis por todos, as bases contributivas para os sistemas de protecção social não são idênticas, o grau de cobertura e a qualidade das prestações são naturalmente desiguais o que, tudo somado, prova o bem fundado do argumento da diversidade dos sistemas nacionais de relações industriais e de protecção social.

Justificam estes exemplos, e muitos outros passíveis de serem trazidos à colação, que só seja legítimo poder falar-se de doze Europas Sociais? Do meu ponto de vista, não. Com base no mesmo género de raciocínio, teríamos de falar, então, em doze Europas, educativas, tecnológicas, científicas, ambientais e por aí fora. Ora, ao contrário, o que tem sido largamente defendido e aceite é a ideia de que um dos grandes valores e um dos maiores trunfos da Europa reside, exactamente, na diversidade cultural dos seus povos, na tradição dos seus hábitos, nas diferenças dos seus comportamentos. A Europa não pode ser uniforme, sob pena de deixar de ser Europa.

Sempre haverá, portanto, zonas da política social nunca coincidentes entre os Estados-membros. E não apenas por razões conexionadas com a diversidade nacional, as diferenças institucionais ou os ritmos de desenvolvimento. O princípio da subsidariedade, intencionalmente introduzido no artigo 3º-B do Tratado da União, aplica-se também à política social. Sem embargo do reconhecimento das delicadas dificuldades a que dá lugar a sua interpretação e aplicação no campo social, sempre, por força dele, um espaço social específica e exclusivamente reservado a cada Estado--membro subsistirá no futuro.

Isto dito, o que não pode ignorar-se, quanto a mim, é ser legítimo e necessário falar-se de uma Europa Social. Alguns falam, até, e não sem traços de razão, de um défice da Europa Social, quando comparada com os avanços alcançados na livre circulação de capitais, serviços, mercadorias e pessoas, ou quando confrontam o balanço da política social europeia, que reputam de inexpressivo ou insuficiente, com o que já se atingiu (bem ou mal, não vem ao caso, agora) através de uma política comum para a agricultura, as comunicações ou o derrube das barreiras aduaneiras, por exemplo.

Seja, porém, mais negativista ou menos pessimista a avaliação acerca do processo de construção da Europa Social, é generalizado o entendimento de que se torna pertinente falar-se de um "modelo social europeu", baseado em certos valores comuns que o suportariam. Eles seriam, designadamente, a democracia e os direitos individuais, a liberdade sindical e de negociação colectiva, a economia de mercado, a igualdade de oportunidades para todos, a protecção social e a solidariedade. "Estes valores desde sem-pre invocáveis e mais claramente retomados na Carta Comunitária dos Direitos Sociais Fundamentais dos Trabalhadores sustentam-se na convicção de que o progresso económico e o progresso social **devem caminhar a par**"[2].

Por outro lado, não podendo refutar-se que o domínio social foi, até há uns anos, secundarizado face ao objectivo da integração económica, seria injusto ignorar-se, em contrapartida, a existência de normativos sociais nos Tratados de Paris de 1951, que instituíram a Comunidade Europeia do Carvão e do Aço (CECA) e a Comunidade Europeia de Energia Atómica (EURATOM), bem como no Tratado de Roma (1957) que criou a Comunidade Económica Europeia. Seria, também, injusto esquecer-se os subsequentes programas de acção normativa, iniciados em 1971, a criação do Fundo Social Europeu, o mais antigo dos fundos estruturais, e as revisões subsequentes que ampliaram os seus objectivos de promoção do emprego. Enfim, o Acto Único de 1987, que abriu a porta à adopção de uma vintena de directivas-quadro sobretudo na área da segurança, higiene e saúde nos locais de trabalho entre 1988 e 1992; a institucionalização do diálogo social a nível comunitário através do artigo 118ºB do Tratado de Roma; a já citada

---

[2] *Politique Social Européenne, Une Voie à Suivre pour l'Union* – DG V, COM (94)333, 27 de Julho de 1994.

Carta dos Direitos Sociais Fundamentais dos Trabalhadores, adoptada pelo Conselho Europeu de Estrasburgo, de Dezembro de 1989; a reforma dos fundos estruturais desencadeada pela aprovação do Acto Único; a aprovação do Tratado de Maastricht, alargando competências da União nas áreas da educação e da saúde e reforçando as potencialidades do diálogo social e de celebração de acordos comunitários, a par do Protocolo e Acordo Social subscritos inicialmente por onze dos Estados-membros constituem, tudo somado, passos porventura pouco ousados, para alguns, mas que são prova indesmentível de uma certa dinâmica da política social europeia.

É verdade que esta tem estado muito polarizada em acções legislativas e programas estruturais dirigidos sobretudo para o mundo do trabalho. E aqui vai já uma crítica, sem dúvida, à pretendida dimensão social da Europa, que para vários analistas não cobriria, suficientemente, outras e importantíssimas áreas do social, em que se integram categorias e pessoas não directamente abrangidas na esfera do trabalho por conta de outrém: as famílias, os idosos, os socialmente excluídos, os trabalhadores independentes, os emigrantes de países terceiros, por exemplo.

4. Esse "modelo social europeu", que nesta síntese de maratona acabei de pincelar, é encarado por expressiva maioria dos cidadãos da União como necessariamente preservável e desejavelmente aperfeiçoável. Assim o demonstram sucessivas sondagens à opinião pública e diversos inquéritos especializados. E os responsáveis políticos dos Estados-membros, por seu turno, não se cansam de reafirmar respeito e empenho pela dimensão social da Europa, enquanto vector estruturante das bases institucionais desta e como factor determinante de convergência económica e de coesão social.

Abstraindo de alguns cálculos políticos encapotados e de certas intenções eleitorais para consumo interno, parece certo verificar-se um vasto consenso na defesa dos valores comuns que estribam a dimensão social da Europa e ser seguro um largo desejo de defesa e melhoria das traves mestras de suporte à Europa Social.

Acontece, porém, que este modelo social vem abrindo de há duas décadas para cá brechas profundas, cujas fissuras exteriores só se tornaram mais perceptíveis e melhor entendíveis nos últimos anos.

O estremeção a que vem estando submetido este modelo radica em razões diversas e de efeitos multiplicadores, de que destacaria os seguintes.

Em primeiro lugar, a evolução demográfica nos países comunitários. Com excepção da Irlanda, a queda da taxa de fecundidade tem sido significativa em praticamente todos os outros países da União. Isto comporta uma primeira ordem de consequências: a da impossibilidade de substituição numérica das gerações activas. Comporta também outro tipo de efeitos, por exemplo, no perfil nuclear da família tradicional e arrastará consequências potenciais no domínio do financiamento dos sistemas de protecção social, devido ao desequilíbrio que se manifestará no binómio activos e dependentes.

As tendências demográficas comuns aos Estados--membros patenteiam também um nítido aumento do número de pessoas idosas. Os cidadãos europeus com 60 ou mais anos representam, actualmente, cerca de 69 milhões de pessoas, o que traduz uma progressão de 50% no espaço dos últimos trinta anos. Estima-se que, no ano 2020, este número se situará entre 88 e 100 milhões de pessoas, um quinto das quais com idade superior a 80 anos, e essencialmente constituído por viúvas.

Constata-se, assim, que pelo duplo efeito da baixa da taxa de fecundidade e do aumento do tempo de esperança de vida, agravar-se-á a situação de envelhecimento das populações da União[3].

Aqueles dois citados factores são próprios do tipo de sociedade desenvolvida ao longo dos "gloriosos" trinta anos de crescimento que se seguiram ao termo da II Grande Guerra. Frequentemente, foram chamados ao palco de indicadores insuspeitos de progresso cultural, económico e social, ora porque traduziam expressões exemplares do movimento de emancipação da mulher desagrilhoada da prisão de doméstica e liberta da missão de procriação , ora porque exprimiam espectaculares avanços no campo das ciências médicas, das técnicas cirúrgicas ou da indústria dos fármacos.

Desejo sublinhar que, ao dizer isto, aplaudo tanto o princípio da igualdade de oportunidades entre homens e mulheres como o pleníssimo direito de a mulher ascender, tal como o homem, a uma actividade profissional que a realize na sua eminente dignidade de pessoa. E não posso, igualmente, senão felicitar-me e maravilhar-me com as

---

[3] *Le Livre Vert sur La Politique Sociale Européenne* – parecer do CES francês, 30 de Março de 1994.

descobertas científicas e os progressos da medicina preventiva e curativa que permitem às nossas gerações, ou seja, a nós próprios, dilatar por mais alguns anos esta experiência irrepetível e maravilhosa que é a vida de cada um.

Mas a defesa desses direitos não deve levar a esquecer que a sua causalidade não é linear em todos os Estados e que as situações por eles potenciadas comportarão traços idênticos, mas também efeitos diferenciados no tempo e nas suas expressões quantitativas e qualitativas.

A conclusão que desejaria extrair das tendências demográficas detectáveis na União aponta para a ocorrência de um grave problema: o do agravamento do desequilíbrio entre activos e não activos. Este, aliado à questão do aumento brutal do desemprego e à da competitividade empresarial, tem e vai continuar a ter fortes consequências nas capacidades de financiamento dos sistemas de protecção social em sentido lato. Abordarei, daqui a pouco, este aspecto. Acrescentaria apenas, por agora, que o fenómeno do envelhecimento das populações origina outro tipo de problemas sociais, relacionados com a solidão dos idosos, a falta de estruturas sociais de acompanhamento e a ausência de processos adequados de integração cultural e sócio-económica daqueles cujo estado de saúde lhes permitiria, se ocupados, rentabilizar em seu benefício, e em proveito de toda a sociedade, o infungível capital de vivência adquirido ao longo dos anos antecedentes da reforma, da pré-reforma e de outras modalidades de saídas antecipadas da vida profissional, adoptadas nestes últimos anos sob o qualificativo de excelentes modelos de gestão, de cuja pertinência, porém, duvido.

Enfim, e de algum modo cruzando-se com este problema, não pode passar-se por cima do aspecto da regularização dos fluxos migratórios. A União está submetida, a norte e a sul das suas fronteiras, a uma enormíssima pressão de correntes migratórias. O acréscimo populacional, sobretudo dos países do norte de África e do leste europeu, é explosivo e o desemprego elevadíssimo, atingindo, mesmo, inúmeros quadros técnicos com qualificações universitárias adquiridas na Europa. Esta não pode, por conseguinte, deixar de reforçar as suas políticas de cooperação e apoio ao desenvolvimento dos países que lhe são vizinhos e de alargar com eles as trocas comerciais. Provavelmente, isto implicará ou um aumento do orçamento comunitário, ou uma transferência parcial dos apoios ora canalizados para países da própria União em direcção àqueles que são fonte de maiores fluxos migratórios. Seja como for, o que não parece viável nem aceitável é criarem-se "muros de Berlim" que fechem de forma cega as fronteiras europeias a esses milhões de esfomeados e desempregados que buscam em países europeus trabalho e pão.

5. Não constitui novidade para ninguém que o desemprego é, hoje, a preocupação crucial da Europa, pelos seus custos humanos, sociais e económicos. A persistência de elevadas taxas de desemprego, actualmente a rondar os 11% da população activa, uma média que esconde a existência de grandes disparidades entre Estados-membros e regiões (recorde-se, por exemplo, os casos da Irlanda e da Espanha em que a taxa de desemprego excede os 20% e atinge, em certas regiões, como a Andaluzia, mais de 30%), mormente quando se comprova que o fenómeno não é apenas cíclico e friccional, mas passou a ser, sobretudo, de natureza estrutural atinge os alicerces de coesão das nossas sociedades e coloca em causa, portanto, a questão da sobrevivência do seu modelo actual.

As causas do desemprego têm sido, por isso, objecto de estudos especializados cada vez mais frequentes e de inegável valia, quer a nível nacional, quer por parte de prestigiadas instâncias internacionais, como a OCDE e a OIT; e a Comunidade dedicou-lhe particular atenção no Livro *Branco sobre crescimento, competitividade e emprego*, de que emergiu um conjunto de propostas que veio a integrar um plano de acção aprovado pelo Conselho Europeu de Bruxelas, de Dezembro de 1993.

O Conselho definiu, então, sete domínios de acção privilegiada para os Estados-membros, que recordo:

1.º– a melhoria dos sistemas de formação e de educação e, designadamente, a formação contínua;

2.º– a melhoria da flexibilidade no seio das empresas e no mercado de trabalho;

3.º– a reorganização do trabalho a nível da empresa;

4.º– a redução dos custos indirectos, não salariais, da mão-de-obra, designadamente em relação ao trabalho pouco qualificado;

5.º– a melhor utilização dos fundos públicos instituídos com vista ao combate ao desemprego, reorientando para as chamadas políticas activas muitas das actuais medidas passivas de protecção aos desempregados;

6.º– a adopção de medidas específicas que abranjam os jovens sem formação;

7.º– o desenvolvimento de novos empregos em sectores que respondam a necessidades colectivas, mormente de natureza social, ou em áreas capazes de absorver iniciativas de desenvolvimento local.

Estas propostas pretenderam responder à frustrante constatação de que os níveis de desemprego comunitário traduziam uma *performance* muito negativa por comparação com as dos Estados Unidos da América e do Japão. Verificou-se, com efeito, que a taxa de emprego da União tinha vindo a decrescer regularmente desde 1960 e se mantinha inferior a 60% da população activa, ao passo que nos Estados Unidos aumentava gradualmente e atingia 70%.

Por outro lado, observou-se também que o desemprego dos jovens atingia, na União, mais do que 20% dos desempregados, contra 13% nos EUA e 5% no Japão. O desemprego de longa duração, esse, ultrapassava a barreira dos 40% dos desempregados na União, contra apenas 11% nos EUA.

6. Foi-se progressivamente tornando mais nítida, deste modo, a compreensão das causas que conduziram a Europa a esta situação e vieram a ser mais finas as abordagens de análise comparativa em relação aos principais concorrentes da União.

Sem preocupações de exaustão, e estribado em algumas conclusões susceptíveis de serem consideradas já como seguras, pode concluir-se que a mudança do cenário global geopolítico, demográfico, tecnológico e financeiro foi muito rápida e que a Europa não teve capacidade para antecipar e responder pronta e adequadamente aos desafios da globalização económica, da descoberta de novas tecnologias e produtos, da flexibilização dos seus mercados e das suas instituições públicas - não obstante, é certo, os progressos alcançados com o Mercado Interno e traduzidos, por exemplo, na criação de 9 milhões de postos de trabalho entre 1986 e 1992, no aumento de meio ponto percentual de crescimento suplementar por ano e no ganho de mais de um terço de investimentos entre 1985-1990[4].

De um modo mais particular, pode dizer-se que são as seguintes as principais causas da perda de competitividade da Europa no plano da diminuição da sua percentagem de participação no comércio mundial, do enfraquecimento da sua importância como pólo de atracção do investimento estrangeiro e da sua inferior taxa de criação de empregos por comparação às dos EUA, Japão e países desenvolvidos da bacia do Pacífico:

> 1ª– Maior instabilidade macro-económica, revelada, por exemplo, pelo facto de a inflação, nos últimos anos, ser superior em quase 2 pontos percentuais em relação aos EUA e em mais de 3 pontos face ao Japão. Também as taxas de juro de longo prazo, que são as mais importantes para efeitos de inves-

---

[4] Os dados e análises baseiam-se no *Livro Branco sobre crescimento, competitividade e emprego*.

timento, se situaram, em média, acima de 3 pontos das dos EUA e 5,5 pontos acima das praticadas no Japão. E a despesa pública foi muito maior na Europa do que nos países seus principais concorrentes;

2ª– Uma segunda causa frequentemente invocada prende-se com os custos do factor trabalho. Tomando como base um índice de custos unitários de trabalho em 1982, verifica-se que, em 1992, o índice na Comunidade atingiu os 150, enquanto no Japão subia para apenas metade (índice de 125) e o crescimento nos EUA se situava em 40% (índice 120) do atingido na Europa. Por outro lado, haverá que atender, ainda, não só ao salário horário, expresso em unidades de moeda local, como a todo um conjunto de prestações suplementares ou benefícios adicionais, que naturalmente empolam aqueles custos.

A esta questão liga-se a da organização e funcionamento dos mercados de trabalho e de emprego, considerados por muitos como excessivamente rígidos em relação aos dos países principais concorrentes da Europa;

3ª– Uma terceira causa respeita ao facto de o processo de reestruturação industrial na Europa ter sido mais lento do que o foi nos países concorrentes. A estrutura sectorial produtiva europeia não terá respondido, assim, com a mudança de ritmo acelerado que foi mais visível em outros países. Isto pode ter a ver, eventualmente, com uma outra causa considerada negativa e que se conexiona com as práticas de gestão empresarial dos europeus, consideradas pouco flexíveis;

4ª– É consensual, ainda, a verificação de que o esforço de investigação e desenvolvimento na Europa é inferior ao dos EUA e ao do Japão, que, em média, investem nesta área mais 1% do PIB em I&D. Verifica-se também que, enquanto na Europa a ênfase se centra mais nas despesas de investigação, nos outros dois pólos da tríade a predominância é dada às despesas de desenvolvimento. A participação das empresas europeias nos processos de investigação e desenvolvimento é também menor do que a das suas congéneres daqueles países, cabendo ao Estado, na Europa, a maior fatia de responsabilidade nos processos de investigação;

5ª– Sendo evidente que o crescimento de qualquer economia depende, em larga medida, dos níveis de investimento e de poupança nacional, tem-se constatado, ainda, sobretudo a partir de meados da década de 70, que quer o investimento, quer a poupança, diminuíram fortemente em percentagem do rendimento nacional. O declínio da poupança é em grande parte imputável ao sector público, cujos défices elevados retiram margens importantes ao investimento privado e podem provocar aumentos indesejáveis nas taxas de juro, reforçando, assim, as dificuldades de crédito ao investimento[5].

---

[5] Sustentei-me, nesta parte, na Conferência do Prof. Nogueira Leite,

7. Assim como não há uma causa única explicativa do alto nível de desemprego que a União atravessa, não há, também, naturalmente, soluções únicas e, sobretudo, não há soluções miraculosas. Mas existe um consenso quanto à necessidade imperiosa e à urgência inadiável de os países da União disporem de um quadro de medidas estruturais susceptível de induzir um decréscimo gradual do desemprego. Como o acentua a OCDE, *"a política macro-económica e as medidas estruturais resultarão melhor se se conseguir fazer conjugar plenamente as sinergias que entre elas existem"*.

Neste contexto, medidas estruturais que visem a qualificação dos recursos humanos constituem uma área verdadeiramente fulcral para a adaptação à mudança, para a criação de novos modelos organizativos e atitudes comportamentais, para a inovação, numa palavra, para o salto qualitativo e não meramente quantitativo que se nos impõe no xadrez comunitário e no palco interna-cional.

Aflorei já esta questão. Mas gostaria de acrescentar ao que disse algumas palavras, mais voltadas para a situação portuguesa.

Em primeiro lugar, é consensual o entendimento de que importa reforçar a ligação entre o mundo da educação e o mundo do trabalho. Não podemos delapidar recursos, que não são temporalmente inesgotáveis, em formar pessoas cujas habilitações ou qualificações não encontrarão procura por parte do mercado de emprego, mesmo se, com alguma

---

produzida na Comissão Especializada de Política Económica e Social do CES, aquando do debate sobre o *Livro Verde*.

razão, considerarmos que este é excessivamente estático e pouco prescrutante na captura de ofertas profissionais potencialmente criativas.

Em segundo lugar, é importante fazer inverter a mentalidade, um pouco generalizada, segundo a qual os apoios comunitários e nacionais para a formação constituem um subsídio com finalidades desvirtuáveis ou de sentido puramente ocupacional, e não um investimento. É decisivo que a aplicação dos apoios a que podem recorrer as empresas e outras organizações seja feita de forma rigorosa e que os resultados da formação obtida possam ser melhor avaliados, para que se corrijam erros e se reorientem as acções. É urgente que se punam com rapidez e justiça as situações de fraudes comprovadas. Por isso, e paralelamente, urge premiar por forma pública e notória os agentes e actores da formação, e muitos são, que com mérito e empenho desenvolveram acções inovatórias, ou levaram a cabo programas de reconhecido valor formativo no nosso País.

Em terceiro lugar, é necessário emprestar os maiores cuidados à concessão de uma formação inicial que dote os jovens de um bom nível de base geral, porque este condiciona as suas capacidades de ulterior adaptação à vida profissional, sabendo-se que esta, no futuro, não permitirá mais a imobilidade profissional, o emprego fixo e a hierarquização por mera antiguidade.

Neste âmbito, afigura-se-me muito importante tudo quanto se possa fazer pela ampliação e melhoria da rede de ensino pré-escolar, que visa a primeira infância e lhe proporciona condições para um posterior ensino com menos insucesso e menor abandono escolar. Isto é particularmente decisivo para as crianças provenientes de meios familiares ou de regiões mais desfavorecidas.

Em quarto lugar, seria fundamental proporcionar aos jovens, que tenham concluído a escolaridade obrigatória, um ou dois anos de formação profissional qualificante, revalorizando-se o papel do ensino técnico-profissional, das escolas profissionais e da aprendizagem. Evidentemente, o ataque aos factores de insucesso escolar e de abandono precoce do sistema de ensino, bem como o combate ao trabalho infantil, deverão ser reforçados através do concurso de todos os agentes implicados – pais, professores, empresas e sindicatos, Estado e organizações não governamentais, igrejas e munícipios, visto que o problema não é reconduzível a uma só causa, envolve actuações concertadas e exige uma implicação mais funda da sociedade no seu conjunto.

Enfim, recordaria a necessidade de se generalizar e pôr em prática processos conducentes ao objectivo de uma formação contínua ao longo da vida profissional, visto que as qualificações se tornarão, cada vez mais, inadequadas ou insuficientes.

Não esqueceria, ainda, a necessidade, só aparentemente simples de se atingir, de tornar mais ágeis e pragmáticos os serviços públicos de emprego. Mais do que organizações para obtenção de um emprego próprio, eles devem servir o objectivo fundamental de procura de emprego para outros e acompanhá-los estreitamente nessa fase muitas vezes dolorosa que é a da busca de um posto de trabalho ou de uma actividade profissional rentável.

8. Passarei, agora, ao aspecto do futuro da protecção social na União e nos seus Estados-membros, o que nos conduz ao problema do Estado Providência ou de Bem-Estar. Esboçarei uns apressados apontamentos a propósito deste tema.

Ocorre, ao redor da chamada crise do Estado Providência, uma opinião não consensual, mas relativamente generalizada, que poderia sintetizar desta forma: por um lado, diz-se, é inegável que as políticas de bem estar social constituem, na sua diversidade, nas suas diferentes modalidades de extensão e nos seus graus variados de cobertura, um dos índices de expressão da "democracia solidária", que distingue fortemente o modelo social europeu dos seus principais concorrentes; por outro lado, sublinha-se que o Estado Providência não constituiu travão, ao longo de décadas, ao crescimento económico e melhorou, até, as condições de vida das populações, em particular das camadas menos favorecidas; enfim, recorda-se que a existência de uma rede de prestações sociais implantada progressivamente consubstanciou um poderoso arrimo ao clima de prolongada paz social respirado nas democracias da Europa ocidental.

Isto constatado e relativamente aceite, não fica precludida, porém, a verificação do estado de crise em que os sistemas de protecção social vieram a ficar envolvidos e em que parecem enrodilhados há mais de 20 anos para cá, mesmo nos países escandinavos, tradicionalmente vistos como "os templos dourados" do Estado Providência.

Com efeito, os grandes sustentáculos dos sistemas de protecção social - o crescimento económico sem paragens, o pleno emprego, a estabilidade demográfica, os níveis diminutos de fiscalidade e de endividamento do Estado, as estruturas familiares nucleares e as teias de solidariedade complementares ou substitutivas dos apoios públicos, para citar apenas alguns, transformaram-se, esgotaram-se ou romperam-se. De modo que, como reputados especialistas têm repetidamente frisado, não parece mais possível, hoje em dia, garantir a dimensão universalista e igualitária das prestações sociais, traduzida pela pretensão popular e irrealista do "**tudo para todos**", pretensão sobretudo grave quando é acompanhada pela radical recusa de aceitação, para o efeito, de contrapartidas fiscais ou outras de suporte contributivo.

Sejam quais forem as orientações propugnadas para superar a situação, esta radica, sem margem para dúvidas, numa gravíssima crise financeira dos Estados e dos sistemas públicos de segurança e assistência social e de saúde, a cujas causas principais aludi há pouco.

Por isso, nenhum valor acrescido traria, agora, a esta reflexão se me limitasse a intentar um aprofundamento de explicações acerca das razões múltiplas da crise e dos seus potenciais efeitos futuros. A questão poderá, do meu ponto de vista, resumir-se assim: ou reformamos o Estado--Providência ou este naufragará, nuns casos a pique, noutros a estibordo, ou a bombordo, aqui dentro de X anos, ali a prazo mais dilatado. Parto da tese, que partilho com muitos outros, de que a saída da crise residirá na refundação do Estado-Providência. Como é sabido, os liberais radicais propugnam a extinção pura e simples deste, e para já, ao passo que os saudosistas ortodoxos continuam a defender cada vez mais o Estado-Providência, num grito proselitista exaltante mas, infelizmente, divorciado de qualquer caminho racionalmente percorrível.

Esta reforma do Estado-Providência é cada vez mais premente. Olhemos, por exemplo, para alguns números que se referem à situação portuguesa. Servindo-me de dados de Medina Carreira[6], verifica-se que, em 1992, 93% dos pensionistas da Segurança Social percebiam uma pensão de montante igual ou inferior a 50 contos. Quem, de entre nós, pode ficar insensível a um montante tão exíguo, recebido por uma percentagem quase identificável com todo o universo daqueles pensionistas? É instintiva, neste contexto, uma atitude que aponta para aumentos significativos das pensões de mais baixo valor.

E, todavia, não pode deixar de encarar-se o reverso da medalha. Que nos diz este? Diz-nos, por exemplo, que as despesas sociais absorviam, em 1968, 7% do PIB, cresceram sempre a partir daí, até atingirem 22% do PIB em 1991.

Citando, de novo, Medina Carreira, se se abstrair das transferências dos fundos comunitários e das receitas que o Estado obtém com as privatizações – umas e outras limitadas a um horizonte temporal previsível –, **constata-se que a dívida pública e os encargos sociais do Estado absorvem praticamente todas as suas receitas.**

Dirão alguns, e com razão, que tem de se entrar com eficácia no caminho do combate à fraude e à evasão fiscal e para-fiscal. Estou de acordo, até porque não consigo perce-

---

[6] Vd. "As políticas sociais em Portugal", in *A Situação Social em Portugal*, org. de António Barreto, Instituto de Ciências Sociais, 1996.

ber como é possível que, segundo dados de há dois anos, apenas cerca de 2.800 agregados familiares portugueses se situavam, para efeitos de escalão do IRS, na faixa dos contribuintes com rendimentos brutos acima de 15.000 contos/ano, o que significa pouco mais de 1.000 contos/mês, ilíquidos, por agregado.

Mas seria isso o suficiente para sanear financeiramente o Estado-Providência? Muito provavelmente, não. Não esqueçamos que, ainda em 1992, apenas 42% das sociedades pagavam IRC. E se se tiver presente que os anos de 93 e 94 são anos de depressão económica, o panorama ter-se-á possivelmente ensombrado.

Por toda a Europa, pois, a questão do Estado-Providência está de há muito na ordem do dia e tanto mais agravada quanto é certo que os novos problemas sociais (a toxicodependência, a sida, o desemprego de longa duração) vêm exigir dos Estados respostas crescentemente ampliadas e mais onerosas do ponto de vista da despesa social.

Neste contexto, muito genericamente tracejado, as medidas adoptadas um pouco por toda a parte apontam, em formulações diversas, para alguns caminhos, isolados ou associados, de que destacaria os seguintes:

1.º – A racionalização do próprio aparelho administrativo relacionado com as áreas públicas da protecção social e a tomada de medidas de maior eficiência na sua actuação;

2° – A disciplina mais rigorosa do crescimento do peso das despesas sociais em termos do produto nacional, por forma a, sem deixar de se assegurar níveis adequados de protecção social, se impedir derrapagens incontroláveis do lado das despesas;

3° – O fomento de esquemas complementares, colectivos ou de base puramente individual, em aplicação da conhecida tese dos "três patamares";

4° – Uma reorientação do sentido atributivo de certas prestações, procurando-se, nos casos que o justifiquem, que percam a natureza universalista e igualitarista típica da fase de expansão para passarem a ter um carácter mais selectivo e mais intimamente correlacionado com a situação social concreta, espelhável na diferença efectiva dos rendimentos e das condições reais de vida dos destinatários dessas prestações;

5° – Enfim, um reequacionamento das fontes de financiamento, no sentido de não fazer repousar exclusivamente no factor trabalho o sustentáculo de todo o sistema. De acordo com algumas correntes de pensamento, perante a necessidade de se fomentar o emprego através da diminuição dos custos não salariais do trabalho, em particular do menos qualificado, torna-se necessário, até, aliviar os níveis das contribuições para a segurança social que impendem sobre as empresas.

Todavia, é facilmente perceptível que este tipo de soluções implica, sempre, o recurso a alternativas de financiamento, que tanto podem ser as do chamado IVA social, IVA contabilístico, taxação específica ambiental, como o apelo ao Orçamento do Estado – neste caso, ou com agravamento de impostos, medida a que os governos naturalmente fogem, ou através de redução dos montantes afectados a despesas de outro tipo, com potenciais consequências negativas para as áreas a que essas despesas se destinariam, nomeadamente as de investimento produtivo.

Diria ainda uma palavra final sobre esta temática: não é pensável, no curto e médio prazos, uma uniformização dos sistemas de protecção social a nível comunitário, atenta a sua diversidade manifesta. Mas é necessária uma certa convergência nos objectivos e nas políticas nacionais a prosseguir, na base do entendimento comprovadamente generalizado de que se deve preservar o essencial do modelo social europeu, em particular nesta sua vertente de solidariedade social. Além disso, um mínimo de harmonização dos sistemas em causa torna-se, também, indispensável para que se assegure, na prática, o direito de livre circulação das pessoas no espaço comunitário.

9. Não alimento dúvidas de que nesta abordagem do tema se detecta uma tremenda falha: exactamente, a de não ter tratado de questões tão magnas para a dimensão social europeia como são as da igualdade de oportunidades entre homens e mulheres; as do acervo social em perspectiva; as do papel futuro da negociação colectiva a nível comunitário; as da correcta articulação a estabelecer entre os âmbitos legislativo e convencional, no seu cruzamento com os níveis comunitário e nacionais; as da integração social plena, não só dos desempregados como dos afectados socialmente, sejam os idosos, os toxicodependentes, os novos pobres, os emigrantes de países terceiros; enfim, a do papel da própria política social europeia no plano da cooperação internacional, matéria em que seria chamada à baila a conhecida questão da "cláusula social", por muitos exigida no cenário da liberalização das trocas comerciais, decorrente do fecho das negociações que abriu a porta à criação da Organização Mundial do Comércio.

Faltou-me, porventura, o poder de síntese para traçar esse panorama mais globalizante, integrado e coerente dos múltiplos vectores que dão rosto e percorrem a dimensão social europeia.

Teria sido capaz de o fazer? Duvido muito, porque o tema é de tal modo vasto que, só por si, justificaria, não uma síntese, mas um aprofundamento reflexivo sobre cada uma das variadas e complexas áreas de que só citei, exemplificativamente, algumas. Optei, por isso, por centrar-me em aspectos mais salientes, consciente, embora, do risco de estreitamento e redução da visão mais abrangente que se tornaria desejável proporcionar.

Mas, como em tudo na vida, há que correr riscos e fazer opções. Foi o que fiz.

Não desejaria, porém, encerrar estas referências sem exprimir, com muita brevidade embora, o meu pensamento geral sobre o que considero o cerne desta temática.

A dimensão social da Europa é uma questão medularmente política. Não se trata, apenas, de saber quais os programas mais adequados, os projectos mais inovatórios, as acções mais eficazes. Trata-se, fundamentalmente, de saber que tipo de sociedade desejamos para o alvor do novo século, porque é em função dessa matriz que se escolhem as políticas, se definem os programas e se trilham os caminhos da construção do futuro.

A este propósito, poderia responder, com bastante dose de verdade e parafraseando o filósofo, que "só sei que nada sei".

De facto, perante os desafios enormes e as incertezas tão fundas que a evolução do nosso mundo, quantas vezes insuspeita, nos coloca diante dos olhos, a sabedoria justificaria essa prudência e a prudência aconselharia essa sabedoria.

Aceito a prudência. Mas também sei que os homens, na sua caminhada histórica, sempre almejaram ideias e objectivos nobres pelos quais valesse a pena labutar e viver.

Não imagino a evolução da União Europeia sem uma indispensável dimensão social do seu corpo constitutivo. Pela minha parte, não desejo uma sociedade de "ideologia da individualização", se a entendermos com um sentido egoísta, de confronto humano e de ferocidade social. Bem sei que não poucos a defendem, sobretudo nestes tempos de sequelas de implosão do comunismo e de hibernação do socialismo estatista. Mas talvez seja avisado não nos deixarmos encadear pelos faróis de um livre mercado desregulado, de uma competição sem freios e de uma competitividade que seja sinónimo de destruição dos outros a todo o custo.

Àqueles que defendem o ideal de que "o meu carro é a minha liberdade", eu responderia que sim. Mas perguntaria de que vale essa liberdade se não houver estradas para circular e regras de condução a respeitar; de que vale essa liberdade se, para aqueles que não podem ter carro, não se lhes proporcionar transportes públicos e comunicações acessíveis, por forma a que não esbanjem, diariamente, três ou quatro horas preciosas de vida no trajecto entre os dormitórios das megametrópoles e o local de trabalho.

Perguntaria, enfim, recordando uma invocação autorizada, de que vale essa liberdade se as "selvas das barracas" decidirem, um dia, invadir as nossas cidades asfaltadas e as nossas urbanizações climatizadas?

A liberdade não pode ser dissociada da solidariedade e divorciada da cidadania plena. Esta implica e exige de cada um de nós não apenas a reclamação crescente de mais direitos políticos, económicos ou sociais – obriga, também, à assumpção e ao cumprimento de **mais deveres**.

Deveres de cidadania e de solidariedade, pois. Mas uma solidariedade activa, que passe pelo Estado mas não se fique por aí – que passe, também, pela solidariedade familiar, de vizinhança, de comunidade de vida, reconstituída sob valores humanitários que forjam civilizações e não assente, apenas, em fundamentos monetaristas que só criam sociedades perecíveis.

DEMOCRACIA, TRIPARTISMO E CONCERTAÇÃO SOCIAL[*]

I – A DEMOCRATIZAÇÃO POLÍTICA, ECONÓMICA E SOCIAL NO MUNDO

As sociedades democráticas caracterizam-se pelo reconhecimento e pautam-se pela garantia efectiva de exercício dos direitos fundamentais do homem. Significa que aderem aos princípios da "Declaração Universal dos Direitos do Homem", do "Pacto relativo aos direitos económicos, sociais e culturais" e do "Pacto e Protocolo relativos aos direitos civis e políticos".

Sem embargo de outras muito relevantes convenções internacionais, de âmbito universal ou regional, mergulham basilarmente na trilogia daquela "Declaração Universal" e dos dois referidos "Pactos" os fundamentos do moderno Estado de Direito.

Ora, é irrecusável o reconhecimento de que sem liberdades políticas e cívicas – numa palavra, sem a existência de uma Democracia pluralista – não há liberdades funda-

---

[*] *Texto da Conferência proferida no 75.º aniversário da O.I.T, Assembleia da República, 1994.*

mentais. **E sem estas não há direitos fundamentais no mundo do trabalho.**

Não é de surpreender, portanto, que a OIT sempre tenha conferido primazia à defesa e promoção dos direitos fundamentais do homem.

Na própria base constitucional da OIT e no conjunto específico de convenções internacionais do trabalho sobre estes direitos, situa-se, medularmente, a ligação indivorciável entre eles e a melhoria das condições de bem estar material dos trabalhadores.

As liberdades políticas e cívicas são o húmus do respeito pela pessoa humana. O próprio Direito é neste princípio que se baseia e a Democracia – porque não pode ser interpretada apenas como sinónimo de ausência de ditadura – assenta no comando de que todo o poder legítimo se funda no Direito e deve ser exercido em conformidade com ele.

"O primado do Direito é, assim, uma noção dinâmica que é invocada não só para salvaguardar os direitos civis e políticos do indivíduo numa sociedade livre, mas também para instaurar as condições de vida sociais e económicas que permitam realizar as suas aspirações" – escrevia Michel Hansenne no seu relatório à sessão da CIT de 1992, justamente intitulado "A Democratização e a OIT"[1].

E acrescentava, lucidamente: *"A liberdade política é o garante da autonomia dos cidadãos. Historicamente, foi precedida por um longo esforço de emancipação que levou ao reconhecimento da liberdade inata do homem. A revo-*

---

[1] *"A Democratização e a OIT* – Presidência de Portugal à Conferência Internacional do Trabalho", CES, Lisboa, 1992.

lução industrial mostrou que, se a liberdade pertencia talvez a todos, não era dado a cada um servir-se dela. Foi por isso que se procurou introduzir a igualdade de oportunidades no exercício da liberdade e associar-lhe a noção de justiça, para que a liberdade não seja o privilégio de alguns. Alargada depois às relações económicas e sociais, a democracia requere a participação de todos no poder e nas responsabilidades económicas[2]"

Não encontraria palavras mais significativas do que estas para explicitar o pressuposto de que arranco para colocar a questão subsequente. Esta é a dos desafios com que se confronta a Democracia no contexto das grandes mutações dos nossos dias.

O pressuposto, esse, é simples: a Democracia não pode ser apenas política, tem de ser também económica, social e cultural. Nele subjaz a ideia elementar de que dificilmente uma democracia política resistirá se não gerar crescimento económico são e se não promover e consolidar condições de justiça social.

Esta ideia comporta o reconhecimento da íntima conexão entre os Direitos do Homem e a Democracia, por um lado; e envolve a convicção, por outro lado, de uma ligação, nem sempre facilmente demonstrável é certo, entre Democracia e Desenvolvimento, concebido este como todo o vasto conjunto de condições favorecentes da plena realização das aspirações materiais e imateriais da pessoa humana, e promotor de sociedades sãs e coesas, no plano interno, e pacíficas nas suas relações internacionais.

---

[2] Ob. cit., pág. 77.

Dito isto, é reconfortante, então, poder constatar-se que o mundo tem assistido a progressos assinaláveis no sentido da democratização.

Na Europa Central e Oriental, na África, na Ásia e na América Latina, tal como anteriormente na Europa mediterrânica, os regimes democráticos foram ganhando terreno, consolidando-se em alguns casos, titubeando ainda noutros, sobretudo onde não existia memória colectiva ou tradição de práticas democráticas.

A democratização política foi frequentemente acompanhada por um processo de viragem para a economia de mercado. Esta tornou-se o "modelo de referência universalmente admitido[3]". Cito, de novo, Michel Hansenne, desta vez no seu relatório à Conferência Internacional do Trabalho deste ano: *"A economia de mercado foi massivamente apoiada, porque ela trazia as esperanças de maior bem estar, ao mesmo tempo que permitia dispensar a intervenção de um Estado por vezes desqualificado. [...] Por todo o lado, ou quase por todo o lado, a empresa privada ganhou uma nova consagração. Os chefes de empresa disputam aos dirigentes políticos e às vedetas do desporto ou do espectáculo os favores dos "média". Por todo o lado, o Estado retira-se de sectores económicos e a privatização alastra por toda a superfície do planeta. Ao mesmo tempo, o domínio do Estado sobre o funcionamento do mercado*

---

[3] *"Des valeurs à défendre, des changements à entreprendre"* – relatório do Director-Geral do BIT à 81ª Sessão da Conferência Internacional do Trabalho, pág. 11.

ameniza-se sob a pressão de diversas escolas de pensamento ditas de desregulamentação[4]".

De um modo geral, é lícito afirmar, portanto, que os direitos fundamentais do homem e a democracia política foram ganhando terreno. Este é um avanço à escala mundial como porventura não há memória. Simultaneamente, a livre iniciativa e o mercado reganharam adeptos.

De facto, no respeitante à democracia económica, não pode recusar-se que resultados positivos foram igualmente alcançados, quer devido a um mais aberto funcionamento das trocas comerciais, quer devido à substituição dos sistemas de planificação centralizada por economias já claramente inspiradas nos valores da livre iniciativa, ou ainda em transição para economias de mercado. A constituição de grandes espaços regionais de economias integradas abriu também a porta a inegáveis desenvolvimentos no plano económico, fazendo abater fronteiras proteccionistas, dinamizando a livre circulação de capitais, mercadorias e serviços, favorecendo a criação de uma vasta rede de pequenas e médias empresas e, assim, gerando empregos, enfim, permitindo um acesso mais fácil dos consumidores a diferentes produtos e bens, crescentemente mais baratos.

E o que dizer do aceleramento impar do progresso no campo das ciências e das tecnologias? Para aqueles que, como eu, assistiam, boquiabertos, há poucas décadas, ao lançamento no espaço do astronauta Gagarine e, algum tempo depois, ao descer dos primeiros homens na Lua, os novos avanços no campo das inovações técnicas, das ciên-

---

[4] Ob. cit. págs. 10-11.

cias médicas, da biologia, das telecomunicações, por exemplo, são sempre espectaculares, mas já não são inimagináveis. E não é verdade que, sem prejuízo dos perigos que potencia quando utilizado sem valores éticos ou sem controlos eficazes, este progresso não tem paralelo na história da humanidade e pode ser fonte de um desenvolvimento sócio-económico sem precedentes?

Na esfera social, por outro lado, e mais em particular no mundo do trabalho, o próprio acervo dos instrumentos internacionais da OIT – 174 convenções, 181 recomendações e cerca de 6.000 ratificações registadas[5] – é um sinal iniludível dos progressos alcançados a partir das normas internacionais aprovadas nos primórdios da Organização.

O balanço global do processo de democratização nos planos político, económico e social à escala do nosso mundo atesta, assim, traços positivos e tendências auspiciosas. Evidentemente, esta avaliação não pode ser feita de um modo uniforme e sem numerosas e, infelizmente, muito significativas ressalvas e não menos numerosas dúvidas.

Será lícito extrair do que referi, a conclusão de que nos encontramos perante um quadro internacional de factores e de situações que aponta para uma linha unívoca de evolução democrática, de paz, de justiça social e de desenvolvimento?

De modo algum! Bem pelo contrário, é visível aos nossos olhos o desenrolar de situações e o avolumar de ondas

---

[5] Cf. OIT, *"Note d'information"*, Dezembro de 1993.

de choque que situam este final de século e de alvor de novo milénio num ponto de viragem angustiante, por um lado, mas promissor, por outro.

Não creio ser ousado prognosticar que há riscos eminentes de retrocessos, fundos e dolorosos, na caminhada de democratização e desenvolvimento encetada por muitos países nos últimos anos.

Há também, em contrapartida, potencialidades de superação desses riscos, sobretudo se os valores da Democracia política e participativa e se os ideais da justiça e da solidariedade vingarem na prática.

É tempo, pois, de examinar, sumariamente, os principais riscos que se colocam aos caminhos da democratização e avaliar as suas consequências, em particular para o mundo do trabalho.

II – A DEMOCRACIA, AS MUTAÇÕES MUNDIAIS E AS CONSEQUÊNCIAS SOCIAIS

Parece pacífico o entendimento dos analistas no sentido de que a queda do muro de Berlim e o fim do confronto Leste-Oeste acarretou uma primeira consequência de fundo no plano geo-estratégico: a mudança de um mundo bipolar para um mundo aparentemente multipolar, mas, de facto, com uma potência saliente.

Julgaram alguns que, simultaneamente, tinha soado a hora do fim da história das ideologias, dos conflitos e do cortejo das misérias humanas. Mas estes arautos da felicidade enganaram-se.

O novo xadrez geo-político emergente do termo da guerra fria não deu lugar, como inicialmente muitos esperariam, ao desabrochar de múltiplas e vigorosas democracias e ao estabelecimento de um novo sistema internacional de cooperação.

É verdade que na área do antigo bloco comunista de Leste, alguns países – e penso nos casos da Hungria, da Polónia e da República Tcheca – constituem reconfortante demonstração de que o esgotamento, aparentemente definitivo, da medula do comunismo, e a passagem de uma economia planificada para uma economia de livre mercado, são susceptíveis de vingar para uma democratização com relativo sucesso. Mas esses exemplos não podem ser dissociados do passado político de raiz democrática vivido nesses países e do modelo económico e industrial neles existente antes da ocupação soviética.

Em contrapartida, na maior parte dos territórios que integravam a ex-União Soviética, e nos da ex-Jugoslávia em especial, aquilo a que se assiste dispensa palavras. Não é só – e já bastaria – o horror da guerra sangrenta. É igualmente o renascer das cinzas de velhos conflitos étnicos e religiosos noutras regiões da Europa de Leste, e não só, bem como o alastramento consequente de fenómenos de racismo e de xenofobia, aliás, e infelizmente, também a brotar em países da Europa Ocidental, até há pouco paradigmas de civilidade, de tolerância e de abertura a outros povos. Será preciso recordar recentes acontecimentos de violenta intolerância rácica na Alemanha, na Áustria, um pouco em França ou na Itália?

Portanto, a democracia política e a paz não se estabeleceram, ainda, em vastas zonas do nosso velho Continente e também em outras. Ao afirmar isto, não pretendo cenarizar hipotéticos ou plausíveis riscos de generalização, para outras áreas da Europa, da confrontação bélica localizada, por ora, nos territórios sob luta armada. Pretendo, tão só, acentuar as consequências sociais e laborais deste panorama de instabilidade. Que consequências?

Em primeiro lugar, a consequência da fragilidade do processo de estruturação democrática nos países do Leste Europeu, com a inerente dificuldade em se arquitectar um sistema de liberdade sindical e de relações profissionais, propiciador de um clima de estabilização social e económica. "Patinam", portanto, as relações colectivas de trabalho, porque não se conseguiu implantar uma rede de organizações sindicais e patronais independentes, e porque as Administrações do Trabalho, também elas, não lograram ainda posicionar-se como impulsionadoras do diálogo social, como mediadoras nos conflitos de trabalho, como agentes activos nas políticas de emprego e formação profissional.

Em segundo lugar, as consequências económicas e sociais que o noticiário não se cansa de martelar: subida galopante da inflação e do desemprego, queda de produção e aumento brutal dos níveis de pobreza, mesmo naqueles países cuja transição para o modelo democrático e para um sistema de economia de mercado parece estar a ser conseguido, ainda que à custa de sacrifícios dolorosos.

Em terceiro lugar, os irresistíveis movimentos migratórios provenientes das áreas europeias em conflito ou sob forte instabilidade, aliados, aliás, a idênticas vagas de emigração provenientes do Norte de África e de outros países africanos, asiáticos e latino-americanos, situados nos patamares mais baixos do subdesenvolvimento. Sabe-se quais são as consequências que isto pode acarretar no plano da incomportabilidade de uma plena integração sócio-económica, devido à circunstância de os países de destino mais procurados se confrontarem, também eles, com uma conjuntura de recessão económica e com uma situação de desemprego sem paralelo desde a 2ª Grande Guerra.

Em quarto lugar, as consequências que a nova situação traz à luz relativamente à cooperação técnica e às ajudas públicas ao desenvolvimento aos países mais carenciados.

Seria hipócrita fingir-se ignorar que um dos pólos de motivação dos antigos blocos comunista e ocidental, respectivamente, nos apoios aos países menos desenvolvidos radicava em considerações de natureza ideológica, em motivações geo-estratégicas e em razões de mero prestígio e influência.

Terminado o confronto entre os dois blocos, observa-se agora uma diminuição dos apoios à cooperação e ao desenvolvimento aos países tradicionalmente seus destinatários. É certo que estes apoios foram, frequentes vezes, desviados das suas finalidades autênticas e serviram, em muitos casos, não para alimentar os desafortunados, ou para obras de auxílio aos povos na penumbra da miséria. Foram, ao invés, canalizados para manter ilicitamente cliques locais no poder, ou para originar mais valias aos próprios dadores, através de realizações sem qualquer valia para os pretensos beneficiados. Neste sentido, é positivo que os programas de ajuda pública ao desenvolvimento possam recentrar-se, agora, numa aplicação transparente e eficaz. Mas é negativo, em contrapartida, que os recursos de que carecem se retraiam tão fortemente. As consequências serão as de um mundo com disparidades de desenvolvimento crescentemente agravadas, e pressuponho que este resultado será sempre contraproducente para todos. Basta atentar nos caudais de refugiados e nos fluxos da emigração clandestina.

Um segundo eixo fulcral de mutações internacionais que, de forma incisiva, está a suscitar também profundas consequências no domínio social, e no campo laboral em particular, polariza-se no conjunto de transformações que tem sido apelidado de "mundialização da economia" ou de globalização.

Creio que podem enquadrar-se neste vasto conjunto de mutações não só as alterações económicas e financeiras propriamente ditas, como também as inovações tecnológicas e as transformações operadas nos domínios organizativos e de gestão empresarial. Todas elas estão, ao fim e ao cabo, interligadas.

São provas iludíveis de internacionalização das economias o maior e mais rápido desenvolvimento das trocas comerciais, a maior fluidez dos mercados financeiros e a sua acrescida interconexão, a penetração e domínio, por vezes muito acentuados, das multinacionais, a intensificação do investimento estrangeiro em áreas de interesse estratégico para o capital, a abertura, enfim, dos mercados nacionais e a sua integração em zonas regionais de livre comércio ou de integração institucional mais avançada – e recordo não só o exemplo da UEM, como os do EEE e do MERCOSUL.

Conhecem-se suficientemente bem, por outro lado, as profundas alterações que as novas tecnologias têm vindo a despoletar na estrutura e no peso tradicionais dos sectores produtivos. A chamada "terciarização da economia" constitui a este respeito uma invocação de escola.

O conjunto destes factores, aliado também a mudanças demográficas e a alterações nos valores e nos comportamentos geracionais, determinaram novos modelos organizativos e de relações laborais nas empresas. A principal e mais visível das consequências deste processo conjugado de mutações toca no mais fundo da organização e da prestação do próprio trabalho.

Recordo algumas implicações mais conhecidas: surgimento de novas formas de trabalho, ditas atípicas; reestruturações de sectores ou de empresas, que conduzem à extinção de milhares de postos de trabalho, à reconversão de muitos outros e ao aparecimento de outros tantos; desvalorização das qualificações profissionais herdadas do modelo antecedente de industrialização e consequente exigência de novas habilitações para novos perfis profissionais; alterações nas estruturas salariais, em decorrência das modificações introduzidas nas estruturas das profissões e na reorganização do trabalho; enfim, flexibilização dos regimes de duração do trabalho e nos sistemas de suspensão e extinção dos contratos de trabalho, a par de uma desafectação ética perante a dignidade do trabalho.

Não devem esquecer-se, também, as implicações repercutíveis no domínio das relações colectivas de trabalho (por exemplo, nos níveis da negociação colectiva), inclusive na própria estrutura e na actuação dos sindicatos (por exemplo, na diminuição das taxas de filiação e na alteração das suas áreas tradicionais de maior implantação representativa).

Seria impossível, esboçar, aqui, um elenco mais abrangente dos factores que se têm entrecruzado neste complexo processo de mundialização da economia.

Limitar-me-ei, por isso, numa avaliação muito sumária, a destacar certas consequências: elevados níveis de desemprego, agravamento das desigualdades no interior de muitos países, e entre países e regiões dos vários continentes, alastramento de novas formas de pobreza em zonas que, até há anos, as desconheciam, acentuação dos níveis de pobreza em outras que quase sempre a conheceram. Pobreza crescente, marginalidade social aumentada, individualismo galopante.

Paralelamente, e por razões óbvias, os sistemas de protecção social abrem brechas nos países que tinham erigido o Estado-Providência em paradigma de modelos de democracia avançada e de justiça social.

E, ao mesmo tempo, em muitas das sociedades para as quais uma rede mínima de protecção social seria um objectivo para se alcançar a prazo, este prazo torna-se cada vez mais longínquo.

Este panorama, repito-o, vai traçado sob uma visão muito global, no interior da qual é possível, e até necessário, operar distinções substanciais. Porque se a miséria é sempre miséria, há graus diferentes e causas não coincidentes para ela; porque se o emprego é precário nuns casos, noutros nem sequer perspectivas de emprego há; porque se a injustiça social dói sempre, há situações, afinal, em que à dor se sucede a agonia mortal.

Acabei de desenhar, porventura, um retrato negativo, pessimista e sem horizontes da situação social e laboral do nosso mundo?

Não creio. Por três razões fundamentais:

Em primeiro lugar, porque, a contrapor a situações de retrocesso nos direitos sociais e laborais, são constatáveis ocorrências de sinal oposto. O conhecido movimento de deslocalização dos investimentos e de empresas, para áreas ou países com condições crescentes de competitividade, constitui um sinal nítido da existência de novos e fortes pólos de desenvolvimento à escala mundial. Isto não é segredo para ninguém.

Ora, se o nível de bem estar social em alguns destes novos centros já hoje nada ficará a dever aos níveis sociais europeus – gerando, até, pelas sinergias do seu crescimento, ritmos cada vez mais avançados no plano social –, noutros desses casos verificar-se-ão, sempre, alguns progressos sociais, exactamente porque partiram, ou se encontram ainda, em alguma medida, afectados por graus muito baixos de desenvolvimento.

Em segundo lugar, porque a aposta redobrada no enriquecimento dos recursos humanos e na investigação e desenvolvimento aplicada a novos produtos que, muito pertinentemente, se joga nos países desenvolvidos ou em desenvolvimento, terá de frutificar a prazo. Por essa via, estimo que serão restabelecidos equilíbrios, entretanto perdidos em termos de vantagens comparativas.

Em terceiro lugar (mas principalmente), porque a história diz-nos que a Democracia é, afinal, a única forma de organização das sociedades, susceptível de gerar e gerir a regulação dos conflitos de modo racional e perdurável, e capaz de agregar os homens, e as organizações representativas dos seus diversificados interesses, à volta de um bem comum que, livremente, assumem como bússola do seu futuro colectivo.

Ao afirmar isto, está bem de ver que aponto à linha da democracia participativa. E por estes caminhos acabo por entrar na questão do tripartismo e da concertação social.

III – DEMOCRACIA, TRIPARTISMO E CONCERTAÇÃO SOCIAL

A expressão "tripartismo" tem a sua origem no tipo de estrutura e de processo decisional da OIT. Esta foi fundada, como é sabido, na base de uma composição que integra os representantes dos governos, dos trabalhadores e das entidades patronais.

Ora, essa composição ficou a dever-se à ideia, que se revelou sábia, dos "pais fundadores" da Organização, segundo a qual a promoção da justiça social como suporte da paz no mundo não seria nunca viável sem a participação dos próprios actores sociais, isto é, as organizações representativas dos patrões e dos trabalhadores.

Esta participação pressuporia, por seu turno, o método do diálogo, da negociação e do consenso, visto ser evidente que a eterna tensão dos interesses próprios de uns e outros só seria ultrapassável dessa forma, e não através do confronto permanente.

A concepção dos "pais fundadores" da OIT não só se revelou sábia, como se mantém, ainda hoje, verdadeiramente original no plano internacional.

Para falar de tripartismo poderia partir da concepção usada pelo próprio BIT, num colóquio que organizou em 1992, exactamente sobre as novas perspectivas do tripartismo na Europa[6].

No documento de trabalho preparado para esse colóquio, lê-se o seguinte:

"O termo tripartismo é tomado num sentido amplo e designa todo o sistema de relações profissionais no qual o Estado, os empregadores e os trabalhadores constituem partes distintas, isto é, independentes umas das outras e exercem cada uma delas funções específicas. Utilizado neste sentido, o termo recobre todas as questões que, no sistema de relações profissionais, respeitam à estrutura, ao funcionamento e às atribuições das partes, às relações pacíficas entre elas (negociação colectiva bipartida; consulta e negociação tripartida no sentido próprio do termo, ou seja, entre o Governo, os empregadores e os trabalhadores; participação dos trabalhadores na empresa), bem como os conflitos de trabalho e a sua regulamentação".

As questões envolvidas neste conceito amplo de tripartismo são muito vastas e complexas e torna-se inviável abordar todas.

Vou circunscrever-me, portanto, ao domínio mais restrito, mas nem por isso menos aliciante, da concertação social.

---

[6] *"Problémes et enjeux du tripartisme en Europe"*, BIT, Genéve, 1992.

Começaria por sublinhar que utilizarei o conceito de concertação social num sentido menos amplo do que aquele que desponta do artigo 95.º da nossa Constituição. Este preceito, ao instituir o Conselho Económico e Social, dispõe que este é o *"órgão de consulta e concertação no domínio das políticas económica e social, ..."*.

Para ilustrar este entendimento restrito de concertação social, nada melhor do que invocar a palavra autorizada do Prof. Mário Pinto, que num brilhante parecer, emitido justamente no momento e a propósito da questão suscitada pela criação do CES e pela eventualidade da extinção simultânea do Conselho Permanente da Concertação Social, distinguiu as duas funções da concertação social.

Escreveu, então, o seguinte:

"Há duas funções bem distintas, a de concertação social em sentido restrito, que envolve a celebração de pactos sociais ou de convenções colectivas (ou pelo menos a possibilidade de assumir compromissos que as partes depois executam, cada uma na sua área de competência) e a de concertação social em sentido amplo, que se reporta a questões mais gerais do que aquelas que constituem o objecto das convenções colectivas, e antes se podem referir praticamente a todas as questões de carácter económico e social, isto é, a todas as medidas de política económica e social (podendo, inclusive, entender-se o social em sentido alargado, de modo a incluir, designadamente, os aspectos das políticas de cultura, de família, de ambiente e consumo, etc.".

Este excerto é manifestamente esclarecedor. A partir

dele, sublinharia, então, dois pressupostos para mim inafastáveis, a saber:

1.º – que não há tripartismo e concertação social a não ser em regimes democráticos;
2.º– que o tripartismo e a concertação social são expressões da própria Democracia, aprofundando-a e enriquecendo-a na sua vertente participativa. Como o disse o Director-Geral do BIT, o tripartismo e a concertação não representam outra coisa senão a transposição para as relações sociais dos princípios sob os quais se funda a democracia política, ou seja, a liberdade, o pluralismo e a participação.

Para que haja, portanto, um sistema de concertação social, ainda que sob modelos nacionais naturalmente, por vezes, muito diferentes, é essencial que a liberdade sindical esteja reconhecida como um direito fundamental do homem e se encontre garantida na prática. Quando me refiro a liberdade sindical, reporto-me à liberdade de constituição, de organização, de filiação e de acção quer das associações sindicais, quer das associações patronais.

É elementar, pois, que estas organizações existam e funcionem em e com liberdade, independência e representatividade.

Infelizmente, a nível mundial, o balanço não é, a este respeito, animador.

Um pouco esquematicamente, diria verificar-se que em numerosas zonas da América Latina, da África e da Ásia, quer pela subsistência de regimes políticos ditatoriais ou autoritários, quer por razões de subdesenvolvimento endémico, as organizações sindicais e patronais encontram-se espartilhadas pelo poder político, ou são muito frágeis do ponto de vista da sua capacidade específica e autónoma de intervenção. Não há, por conseguinte, um sistema minimamente estruturado de relações profissionais, por isso que não pode falar-se de relações colectivas, sequer de concertação social tripartida.

Se olharmos, depois, para toda a zona da Europa de Leste, verificaremos ou um cenário de inexistência de organizações sindicais e patronais – nomeadamente nos países em que ocorrem confrontos bélicos abertos, e naqueles que atravessam forte instabilidade política –, ou situações, diferenciadas embora, que se debatem com compreensíveis dificuldades.

Há, desde logo, dificuldades de postura institucional, que provêm do facto de muitos dirigentes sindicais e patronais serem originários ou dos aparelhos dos antigos sindicatos comunistas – e estes eram pura extensão do Partido e do Estado –, ou das empresas estatais e departamentos ministeriais económicos. Daí deriva com grande frequência uma enorme confusão de princípios e práticas de posicionamento institucional, com a consequente mistura dos papéis diferenciados que devem caber ao Estado, ao patronato e aos sindicatos. Falta, portanto, o que se poderia chamar a indispensável "separação das águas". Com o consolidar da prática democrática é pensável que em muitos deles se estabeleçam modelos de relações industriais próximos dos da Europa ocidental.

Advêm também dificuldades do, por vezes, brutal agravamento do nível de vida, o que levanta naturais obstáculos à actuação sindical e ao clima de negociação colectiva e cria "derrapagens" aos ensaios de concertação tripartida. Só o tempo, e sobretudo o aproximar destes países aos da Europa Ocidental, corrigirá estas disfunções, como disse já.

No que respeita à Europa ocidental, as transformações tecnológicas, económicas, sociais e culturais que estão a mudar a face das nossas sociedades despoletam também fortes abanões nos sistemas de relações profissionais, em particular na estrutura, na acção e no tipo de relacionamento dos sindicatos com as organizações patronais e os governos.

O tema é conhecido e muitos têm falado e escrito sobre ele, apelidando-o de "crise do sindicalismo" e, por vezes, prenunciando o seu esgotamento a prazo. Outros, na mesma linha de análise, anunciaram a morte da concertação social tripartida ou, numa visão mais benigna, a da transmudação desta para modelos de "meso" e "micro-concertação social".

Nunca me reconheci neste tipo de visão, mas reconheço sem dificuldade alguma que as coisas estão a mudar e continuarão a mudar, inexoravelmente.

Com isto não quero dizer que acolha algum receio quanto às garantias jurídicas da liberdade sindical, porque isso significaria, afinal, acreditar no desaparecimento das democracias europeias. Poderá haver (como sempre houve e, porventura, continuará a haver) ocorrências, aqui ou ali pontuais ou mais graves, de atentados aos direitos sindicais. Reprováveis, não creio, porém, que representem, agora ou no futuro, um eixo constituinte de um potencial de alto risco.

As preocupações que admito suscitarem-se nas sociedades pluralistas da Europa Ocidental situam-se, mais, em três domínios: no da independência, no da representatividade e no da capacidade concreta e efectiva de ajustamento organizativo e de resposta aos problemas inseríveis na autonomia colectiva dos sindicatos e das organizações patronais.

Aludo aqui à questão da independência sindical, mas apenas na vertente específica das relações entre os sindicatos e os partidos políticos.

Não existe nenhuma convenção ou recomendação da OIT que aborde esta questão especificamente, o que se deve, porventura, à complexidade e melindre que encerra em si própria.

Mas não posso deixar de recordar que existe uma Resolução que toca nesta questão. Foi adoptada em 1952 pela Conferência Internacional do Trabalho e elaborada apenas por um conjunto de delegados de trabalhadores de vários países[7] – o que é muito significativo.

No preâmbulo desta Resolução, diz-se que *"as relações entre o movimento sindical e os partidos políticos devem variar, segundo os países"*, e que a *"filiação política ou a acção política dos sindicatos depende das condições prevalecentes em cada país"*. Acrescenta-se, de modo

---

7 França, Cuba, Índia, Estados-Unidos, Suíça, Áustria, Itália, Canadá e Reino Unido. A Resolução foi adoptada por 112 votos a favor e 37 abstenções.

expressivo, que é necessário enunciar alguns princípios, por indispensáveis à protecção da liberdade e da independência dos sindicatos e à salvaguarda da sua missão fundamental, que é a de assegurar o desenvolvimento e bem estar económico e social dos trabalhadores.

Os princípios constam da parte resolutiva, são muito claros e de um enorme alcance prático. Desejaria, em todo o caso, recortar três aspectos que deles emergem.

Primeiro: a questão das relações entre os sindicatos e os partidos políticos depende das circunstâncias específicas de cada país.

Segundo: a legitimidade dessas relações só existe quando elas, ou a acção política sindical, tenham em vista promover os objectivos próprios do movimento sindical – e, portanto, não outros objectivos, acrescentaria eu.

Terceiro: mesmo quando tais relações ou tais acções políticas sejam estabelecidas ou empreendidas, nunca essa situação deve manter-se por forma a que possa comprometer a continuidade do movimento sindical e a consecussão dos seus objectivos autónomos, sejam quais forem as mudanças de cenário político. Ora, isto significa, (sublinho-o) que o movimento sindical, quando se quer livre e independente, não deve nunca colocar-se ao serviço da estratégia de um partido político, mesmo se os princípios programáticos e objectivos políticos deste forem idênticos ou vizinhos dos que são defendidos por esta ou aquela corrente político-sindical.

As questões da representatividade e da capacidade concreta de intervenção sindical não estão ligadas, apenas, a esta problemática, como é evidente.

Têm muito a ver, também, com as necessidades de formação dos próprios dirigentes e quadros sindicais e patronais e, igualmente, com o tipo de funções e de serviços que, actualmente, os trabalhadores esperam dos sindicatos ou as empresas das organizações que as representam.

No que se refere à capacidade de resposta às novas exigências que se desenham na área das condições de trabalho, sustento que a clássica função de negociação colectiva mantém plena razão de ser. Mas, na Europa e nos países mais desenvolvidos de outros continentes, já não é só – eu diria, até, que já não é sequer principalmente – a discussão isolada do aumento salarial que constitui o cerne e o horizonte da mesa das negociações.

Outras e complexas questões passaram a colocar-se aos sindicatos e às organizações patronais, quer as negociações colectivas tenham lugar na empresa ou ao nível do sector de actividade. Por exemplo, questões derivadas de uma reconversão industrial, susceptíveis de causar traumas agudos no emprego e no tecido social. Por exemplo, ainda, questões de competitividade empresarial, eventualmente justificativas de medidas de inovação e readaptação profissionais, ou de ajustamentos na própria organização e prestação do trabalho na empresa, nomeadamente no tempo de trabalho e nas categorias profissionais.

Questões desta natureza podem colocar-se também às confederações sindicais e patronais no seu âmbito próprio de representação, estribando uma concertação paritária com conteúdo e alcance relevantes. Exigem, porém, frequentemente, o envolvimento dos próprios governos, sob pena de não serem resolúveis, ou de o serem muito mais dificilmente.

E por aqui chego ao como, ao porquê e ao para quê da concertação social tripartida.

IV – A CONCERTAÇÃO SOCIAL TRIPARTIDA: COMO, PORQUÊ, PARA QUÊ?

Insistiria em repetir que a concertação social tripartida pressupõe a existência e o bom funcionamento de um Estado Democrático de Direito. Requere, por isso, que o Estado garanta a justiça, deixe funcionar livremente o mercado (sem abdicar de intervir correctivamente quando necessário ao bem comum), respeite a autonomia colectiva dos parceiros sociais, impulsione a participação individual e cívica dos cidadãos e a das múltiplas organizações de interesses colectivos que rompem da sociedade civil.

No campo das relações profissionais, a Administração do Trabalho deve deixar às partes a máxima margem possível de actuação. De outra forma, condiciona o pleno fluir da autonomia colectiva e conduz a uma subalternidade indesejável do salutar princípio da subsidiariedade.

Sempre que necessário, mas só então, a Administração do Trabalho deve proporcionar aos parceiros sociais serviços eficazes de conciliação, mediação ou arbitragem voluntária com vista à solução dos conflitos colectivos de trabalho. Deve estabelecer também políticas activas de emprego, e amplificar todas as condições para que a formação técnica e profissional abranja o maior número possível de empresas e trabalhadores.

Enfim, os governos devem entender que é do interesse nacional associar os parceiros sociais à definição e execução das políticas económicas e sociais. Isto pode ser feito de uma forma apenas consultiva, mas pode ter lugar, também, pela via concertativa. As duas formas não são, aliás incompatíveis, embora a da concertação social se revele mais difícil, mas também mais solidificante

Todavia, o diálogo social e a eventual celebração de pactos tripartidos não acontecem sem que as três partes se sintam conscientes, motivadas e interessadas, vitalmente, neste processo.

Está longe de mim pressupor que o "scambio" político da concertação social opera no interior de uma qualquer "redoma bacteriologicamente pura"! Seria utópico, ingénuo e perigoso não perceber que nele confluem, chocam-se, entrecruzam-se e descruzam-se, opõem-se e aproximam-se, afastam-se ou casamentam-se factores políticos, económicos e sociais, tradições nacionais e comportamentos psicológicos, nada despiciendos, sublinho-o, dos próprios actores individuais da concertação social.

É evidente que sim.

Porém, ao lado e para além de tudo isso, tem de existir, sempre, uma vontade empenhada e lúcida de cada uma, e das três partes, dirigida à concertação social. Deve existir aquilo a que chamarei, à falta de melhor adjectivação, o "espírito da concertação social".

Como poderei dizer-vos em que se traduz esse espírito da concertação social?

Tal como os ideais de liberdade e justiça social são inerentes ao ser humano e à vida dos homens, creio que também esse espírito só pode ter tradução através de uma "interiorização tripartida" dos valores intrínsecos da concertação social.

E esta "interiorização" não se impõe de fora. Não se preceitua por normativo legal ou por medida administrativa. Não se estabelece por coacção. Não desponta, não medra e não se cimenta sem que cada uma e as três partes estejam conscientes das suas liberdades, das suas divergências e das suas responsabilidades na busca de um bem comum.

Isto implica perceber que se deve perceber a razão do outro lado, mesmo quando não for acolhível; implica entender que há cedências recíprocas a conceder, sob pena de se criar um círculo sem saída; exige, enfim, uma mesma visão partilhada de sociedade, nos seus traços fundamentais, e a percepção de que as políticas necessárias ao desenvolvimento são sempre mais frutuosas quando consensualizadas. E por tudo isto, diria que os bons acordos de concertação social nada mais são do que os acordos possíveis. Exactamente por isso é que são bons: o sucesso concertativo nunca é a vitória de uma parte sobre a outra, mas, sim e sempre, uma vitória das três partes.

A concertação social pressupõe, portanto, este estado de espírito, esta "estufa climática" de requisitos intangíveis.

Não é imprescindível que tenha lugar através de órgãos institucionalizados, como é o caso, entre nós, da Comissão Permanente de Concertação Social do CES, que sucedeu ao antigo Conselho Permanente de Concertação Social.

No entanto, admito, sem rebuço, que a organização institucionalizada do processo concertativo pode favorecê--lo, mesmo quando, neste ou naquele dado período, não seja possível normalizar-se a conflitualidade e fechar-se qualquer pacto social. De certo modo é, então, como se o órgão criasse a função e, depois, a função vivificasse o órgão, num relacionamento sinergético.

Neste sentido, parece-me muito oportuno recordar que, quer aquele antigo Conselho, quer a actual Comissão Especializada do CES, foram baptizados pela lei como "permanentes". Não significa isto, portanto, que o legislador visionou o processo de concertação como uma cadeia negocial estabilizável e como um processo fluído no seu decurso? Creio poder extrair-se essa conclusão dos preceitos legais aplicáveis. Aliás, o próprio regulamento interno da CPCS aponta nessa linha, quando estabelece, por exemplo, que o seu "Núcleo Coordenador", que é constituído pelos seus presidente e cinco vice-presidentes, e a quem incumbe orientar o seu funcionamento e executar as deliberações do respectivo plenário, "reunirá, ordinariamente, pelo menos, uma vez por mês[8]".

Esta disposição enquadra-se na lógica de um diálogo social desejavelmente sequencial. Embora partilhe a convicção de que é muito positivo o balanço global da nossa concertação social desde 1984 até agora, não devo deixar de anotar que a Comissão tem falhado no cumprimento da periodicidade exigida pelo preceito regulamentar invocado.

O direito de participação tripartida tem a juzante uma responsabilização comum quanto aos resultados concretos do processo concertativo.

---

[8] Art. 20.º do citado regulamento interno.

Não pretendo dizer com isto que é forçoso lograr-se acordos de concertação social todos os anos, como é evidente! Afinal, o acordo é tão natural e legítimo quanto o é o desacordo, no pressuposto de que, num e noutro caso, o processo de negociação se tenha pautado por princípios e regras de ética negocial e por exigências de interesses não meramente egoístas e sectoriais.

O que quero expressar, é apenas isto, e não mais do que isto: *"o tripartismo confronta-se com o imperativo veemente de ter de resultar. [...] Nenhum mecanismo institucional de negociação e de diálogo pode manter-se, a prazo, se ocorrer um bloqueio persistente ou uma conflitualidade permanente".*

Acabo de transcrever palavras textuais do Director-Geral do BIT no seu relatório à Conferência Internacional do Trabalho de 1994. E com isso pretendo chamar a atenção para certos riscos. Vejamos.

A institucionalização normativa e orgânica do processo e a prática da concertação social no nosso País podem ser postas em causa, no futuro, se um ciclo alongado – sublinho, alongado – de desacordos e de conflitos entre as partes sobrevier. Paralelamente, se a concertação social não for acolhida por outros agentes políticos, económicos e sociais do País como uma questão institucional merecedora de vasto consenso, (portanto, resguardada de apetites, em si legítimos, de outra natureza), há riscos patentes de turbação, que seria imprudente esquecer.

Estou muito longe de ser pessimista a este respeito; mas tenho o dever de ser realista. E alguns sinais devem ser tomados em devida conta.

Baseando-me em dados estatísticos do MESS, constato que o número de convenções colectivas de trabalho baixou de 430 em 1992 para 298 em 1993. Os trabalhadores por elas abrangidos foram um milhão e seiscentos mil em 92, diminuindo expressivamente para pouco mais de novecentos mil no ano passado.

Ao invés, olhando-se para as estatísticas correspondentes ao período compreendido entre 1984 e 1992, verifica-se uma nítida tendência para o aumento paulatino do número de convenções colectivas e dos trabalhadores por elas abrangidos.

Não estou a estabelecer por esta forma simplista uma correlação directa e nítida entre a concertação social e o número de convenções colectivas de trabalho. Com efeito, mesmo nos anos em que se frustrou a vigência da concertação social – 1989 e 1990 –, não se detecta uma variação negativa palpável da contratação colectiva.

Em todo o caso, a queda monumental verificada em 1993, e o emperramento já observável nas negociações colectivas deste ano, indiciam que o insucesso da concertação social em 93 e 94 pode estar agora a repercutir-se, agudamente, na contratação colectiva.

As razões desta situação não serão, por certo, divorciáveis do agravamento do clima económico e social que também entre nós se instalou.

Quando a economia arrefece, o desemprego aumenta e as receitas orçamentais minguam, é instivo sentir que a concertação social torna-se mais difícil. Mas isto conduz-me, justamente, à questão de perguntar se, ao fim e ao cabo, a concertação social funciona apenas em épocas de crescimento e de consequente e necessária partilha mais justa do rendimento nacional pelos trabalhadores – ou seja, em períodos de maiores facilidades.

A minha resposta é "não"! E é não, porque o maior e mais árduo combate da concertação social encontra-se, do meu ponto de vista, não tanto quando a situação de um país decorre sob o signo do crescimento e do desenvolvimento generalizados, mas, sobretudo e ao invés, quando as dificuldades são grandes, os problemas agudos e os desafios do futuro são tremendos.

É nos factores endógenos, e no potencial dos recursos humanos nacionais, que o nosso futuro colectivo tem de ser ganho. A concertação social tem aqui um papel verdadeiramente determinante. Com ela, as vias do desenvolvimento serão mais fáceis, ou menos difíceis se o preferirem. Sem ela, serão, decerto, muito mais custosas de percorrer.

Se estou certo no que afirmo, devo então acrescentar que se justifica e impõe uma evolução qualitativa nos métodos e no conteúdo da nossa concertação social. Para desempenhar o papel de agente catalisador de esforços e vontades colectivas, e para cumprir o estatuto de maioridade de verdadeira concertação estratégica, é preciso que ela abarque o conjunto das políticas de desenvolvimento, e não apenas a política salarial e de trabalho, "stricto sensu". Isto parece-me indispensável para fazer arrancar o processo concertativo. Uma vez ele consolidado, poderá então ser preferível adoptar outros ângulos de abordagem nas discussões tripartidas.

No xadrez extremamente difícil e melindroso em que se joga o crescimento da nossa economia, a competitividade das nossas empresas e de outras instituições, a redefinição das funções do Estado, o reequacionamento de uma rede adequada de protecção social, financeiramente sadia, e o reequílibrio do mercado de emprego, a concertação social estratégica tem, doravante, quiçá, o seu maior desafio de sempre.

Acredito que o não vai perder. Mas não pode perder tempo.

Se o alcançar, talvez seja apropriado dizer-se que pela concertação social passou a efectivação do direito fundamental ao trabalho, através do direito do trabalho negociado.

O antagonismo que alguns, hoje, invocam entre o direito do trabalho e o direito ao trabalho, não se resolve senão pela harmonização entre ambos. Tão perigoso seria um vazio legislativo e convencional no campo da regulamentação das relações e condições de trabalho (porque se reabriria a porta à lei da selva), como nefasto seria um ordenamento normativo do trabalho que se erigisse como obstáculo ao direito ao trabalho, enquanto direito fundamental de cada um e todos os homens.

Aqui, estará, porventura, a tarefa mais árdua e o objectivo mais nobre da concertação social: ajudar a garantir a aspiração imemorial da dignidade humana, através do direito e do dever do trabalho.

ÍNDICE

A Inevitabilidade do Diálogo Social 5

O Estado e os Parceiros Sociais na Dialéctica da Regulamentação do
  Trabalho 31

Flexibilidade e Relações Laborais – Um enquadramento 57

Convergência e Concertação Social 71

A Europa Social 107

Democracia, Tripartismo e Concertação Social 137